60세
사용설명서

50대까지의 인생과 60 이후의 인생은
뇌가 살아가는 목적이 다르다

60세
사용설명서

구로카와 이호코 **지음** | **명다인** 옮김

지상사 Jisangsa

60세의 뇌-스위칭(腦-Switching), 준비가 되었나요?

올바르게 산다.

이것은 규칙이다.

왜인지는 모르나 이렇게 생각하는 사람이 많다.

건강하고, 두뇌 회전이 빠르고, 외모도 스타일도 좋고, 운동신경이며 센스도 뛰어나고, 배려와 열정과 유머 감각까지 겸비한 사람——대략, 이런 느낌이 '올바른 인간' 아닐까?

부모는 자녀가 올바른 인간이 되기를 기대하고, 자녀 또한 올바른 인간이 되려고 노력하는 사람이 정말 많다. 그래서 최소한 노력하는 태도라도 보이지 않으면 사는 게 고단해진다.

그런데 왜 꼭 올바르게 살아야 하는지 생각해 본 적 있는가?

건강, 운동신경, 유머 감각은 인생을 유쾌하게 살아가는 데 어느 정도 필요하지만, 정신이 흐려지고 외모가 뛰어나지 않은 건 별로 상관없지 않나?

상관있고말고!

지금 이렇게 생각한 당신은 아무렴 상관있다마다, 50대까지는….

사람들이 '남에게 손가락질받지 않고, 사랑받고, 존중받으며 살고 싶어 하는' 이유는 생식(生殖)을 위해서다. 생식이란 이 지구에 사는 생물들의 뇌에 입력된 최우선 임무다. 그렇지 않으면 생물은 멸종한다. 아니, 인과관계가 반대일 수도 있다. '생식이 최우선 임무가 된 생물만 살아남았다'고 생각한다.

그렇다고 해서 모든 사람은 '반드시 아이를 낳아야 한다'는 의미가 아니다. 나는 사람의 뇌는 전기회로 장치에 인간관계는 뇌라는 전기회로 장치의 네트워크 시스템에 비유하고 있다. 이 관점으로 보면, 아이를 낳지 않고 사회 또는 자기 자신을 위해 인생 자원(시간, 돈, 의식, 노력)을 쓰는 사람이 없으면 사회는 돌아가지 않는다. 육아(인생 자원을 자녀에게 전부 쏟는 이벤트)로 모든 장치의 '성능이 바닥나기 직전까지' 가면 시스템이 먹통이 될 가능성도 있기 때문이다.

게다가 모성의 경우, 특히 아이를 낳지 않은 여성의 모성은, 아이에게 쓰이지 않은 만큼 사회에서 공평하게 쓰이는 경우가 많다. 예를 들어서 일, 가정, 취미생활에 자애로운 빛을 비추듯이 말이다. 결과적으로 사회 조직은 원만하게 돌아가고 인류 번영에도 기여한다.

이 지구에 사는 동물들의 뇌는 기본적으로 생식을 최우선 임무로 여기지만, 아이를 낳을지 말지는 별개의 이야기다. 생식 본능(사랑하고 양육하는 감정)을 다른 곳에서 승화시킬 사람도 꼭 있어야 한다. 그러므로 아이를 낳지 않거나 낳지 못한 사람이 뇌의 목적을 달성하지 못한 것은 아니다. 뇌 기능론을 연구하는 사람으로서 이건 확실하게 말해두고 싶다.

하지만 뇌는 생식 본능으로 움직인다. 이 본능은 우리에게 '무리에서 인정받고 존중받는 존재가 되지 않으면 위험하다'고 말한다.

육아의 위험 부담이 큰 포유류는 대부분 무리 지어 새끼를 키운다. 이 중에서도 인류의 육아는 부득이하게 동물계에서 가장 위험 부담이 크고 비용도 많이 든다. 여자들은 1년 가까이 아이를 품다 목숨을 걸고 출산하고, 이후에도 혈액을 모유로 바꾸어 지속적으로 공급한다. 인류의 수유는 자연계에서는 3~4년에 달한다. 애당초 어미에게서 태어나 1년 가까이 걷지 못하는 건 오직 인류뿐이다. 이런 인류의 여성들에게 혼자 하는 육아는 불가능에 가깝다. 당연하게도, 무리에서 배척당하지 않고 좋은 인간관계를 쌓는 건 생존을 위한 필수 조건이다. 남자들 또한 수만 년 동안 단체로 사냥을 다니고 함께 영역을 지켰다.

이런 이유로 인류에게 '무리에서 배척당하지 않는다. 가능하면 주요 인물이 되겠다'는 본능은 생식의 기본 중 기본이다. 이성에게 선택받아도 무리에 용인되지 않으면 그 누구도 유전자를 남길 수 없다.

그래서 뇌는 본능적으로 '올바른 인간으로 살려고' 한다. 그런데 60이 넘은 우리도 정말 이렇게 살아야 할까? 이젠 생식을 할 필요가 없는데도?

나는 개인적으로 이 나라의 60대들이 필요 이상으로 노력한다는 생각을 지울 수 없다.

50대까지의 인생철학에 갇혀 무조건 노력해야 한다고 믿고 있다. 이 믿음이 자신을 옭아매는 줄도 모르고.

게다가 스스로만 옭아매는 것이 아니다. 젊은 사람들에게도 스트레스를 주고 있다.

손주를 돌보는 장면을 상상해 보자.

"그 집 손주는 생후 10개월인데 벌써 걷더라. 요새 애들은 빨라… 근데 얘는 곧 한 살인데 괜찮은 거니?"라고 딸이나 며느리에게 말하고 있다. 이 말은 이 세상의 금기어다. '걱정'은 할머니가 아닌 엄마의 몫이다. 안 그래도 아기 엄마 역시 굉장히 신경 쓰고 있을 것이다. 이 상황에 연장자가 해야 할 말은 "괜찮다, 정말로 괜찮다니까. 사카모토 료마(근대화를 이끈 인물로 일본인이 가장 존경하는 역사 인물)도 두 살 전에는 걷지도 못하고 세 살 전에는 말도 못했다고 하더라"이다.

60 넘어서까지 한창 생식 중인 사람처럼 올바른 인간이 되려고 노력하고, 손주 또한 올바르게 크길 바란다면 끝내 자신도 괴로워지고 아이들도 짜증이 난다.

50대까지의 인생과 60 이후의 인생은 뇌가 살아가는 목적이

다르다.

50대까지는 생식 기간이다(아이를 낳을 수 있는 기간이 아니라 자녀가 독립할 때까지가 생식 기간이다). 스스로 올바르게 살고자 하고, 아이도 그렇게 살도록 이끌어야 한다.

그러나 60이 되면 이 굴레에서 해방되어 너그러워져야 한다. 애초에 '두뇌 회전이 빠르고 외모도 스타일도 좋다'가 인생의 지침이 되면 괴로워진다. 60이 되면 모두 잃게 될 것들이다. 이러한 것들이 인생의 지침이 되면 치매가 무서워지고, 늙어가는 것이 견딜 수 없을 만큼 두려워진다. 누구든 반드시 걷게 될 길인데 두려워하고 저항하느라 인생을 허비하고 있지는 않은가?

60세, 뇌를 전환할 준비가 되었는가?

60대는 새로운 인생을 살아갈 '초보자'다. 실은 굉장히 반짝이는 10년이다. 정말이다.

나는 올해로 64세다. 몹시 신나는 마음으로 매일을 살고 있다. 뇌-스위칭(腦-Switching)해서 나 자신을 다정히 대하고 남들에게도 다정한 아주 느슨한 인생을 보내고 있으니까.

60세.

큰 사고 없이 여기까지 오고, 이 책을 읽을 만큼 향상심이 있는 여러분이라면 분명 남들에게 손가락질받지 않으려고 공부를 하고, 일이나 집안일을 해내고, 몸을 단정히 하고, 말씨에도 신경을 쓰면서 살아왔을 것이다. 자녀들 또한 그렇게 살아가도록 훈련시켰을 것이다.

정말로 고생 많았다.

그러나 세상의 눈을 더는 의식하지 말자.

이 책에서는 여러 종류의 '신경 쓰는 마음'을 버리라고 권하고 있다.

그럼 이제 뒤따라오길 바란다.

제3장 '자녀를 신경 쓰는 마음'을 내려놓는다

제4장 '늙음과 죽음을 신경 쓰는 마음'을 내려놓는다

제5장 '남편을 신경 쓰는 마음'을 내려놓는다

제6장 '친구를 신경 쓰는 마음'을 내려놓는다

'젊음을 신경 쓰는
마음'을 내려놓는다

• 60이 되면 거울에 비친 얼굴, 단체 사진 속 자신의 모습을 보고 울적해지는 일이 늘어난다. 그도 그럴 게 젊은 시절의 자신 또는 한창 예쁠 나이의 딸이나 며느리와 비교하니 한숨이 나올 만도 하다. 그러나 이들과의 비교는 난센스다. 아무 의미도 없다.

그렇게 생각하지 않는가? 이 비교 대상들과 한 남자를 두고 경쟁할 것도 아니다. '외모가 뛰어난 사람이 이기는' 게임을 하는 것도 아니다.

그런데도 비교하는 이유는 사실 '생식 기간 중의 습성' 때문이다. 생식 기간에는 잠재의식 속에서 '외모가 뛰어난 사람이 이기는' 게임이 진행되고 있다.

'외모가 뛰어난 사람이 이기는' 게임 (여성 편)

풍만한 가슴, 잘록한 허리 그리고 탄력 있는 엉덩이는 여성호르몬 에스트로겐에 의해 만들어진다. 배란을 돕는 에스트로겐은 임신을 대비해 몸을 준비시키는 역할도 한다.

임신 기간에 필요한 영양분을 확보하기 위해 지방과 수분을 비축하는데, 이를 복부에 저장하면 태아에게 방해되므로 복부 피하지방은 적어진다. 대신 가슴과 엉덩이에 저장돼 콜라병 같은 아름답고 입체적인 곡선이 탄생한다. 또한 지방과 수분의 지속력은 당연히 피부에도 좋은 영향을 주어 피부가 투명해지고 매끈해진다.

아름다운 몸매에 매끈한 피부를 가진 여성에게 남성들이 호감을 느끼는 이유 역시 여성호르몬이 풍부하고 생식에 적합한 개체라고 인식하기 때문이다. 그리고 여성들도 콜라병 몸매와

제1장 '젊음을 신경 쓰는 마음'을 내려놓는다

피부가 좋은 여성을 선망하고 한 수 위라고 받아들인다.

여성 커뮤니티에서 미모가 뛰어난 여성들의 발언은 상당히 존중받는다.

그 이유는 무리 안에 미모의 여성이 있으면 무리 전체의 생식 능력이 높아지기 때문 아닐까?

암컷 포유류는 무리 전체가 모두 함께 발정기가 시작되는 경우가 많다. 그래야 서로의 젖을 나눌 수 있어 새끼의 생존 가능성이 높아지기 때문일 것이다.

인류도 예외가 아니다.

같이 사는 여성들의 월경 주기가 같아지는 현상은 여성이라면 경험상 누구나 알고 있다.

여성호르몬이 규칙적으로 분비되고 월경 주기가 안정적인 여성이 커뮤니티에 있으면 호르몬 균형이 좋지 않은 여성도 이 주기를 따라가게 된다.

즉 외모가 뛰어난 여성은 주변 여성들의 생식 능력을 높여준다. 그래서 외모가 뛰어난 여성은 무리에서 남성과 여성 모두의 존중을 받는다는 이득이 있다.

50대의 '여성호르몬이 나오는 척 위장'

그래서 여성들은 몸매에 볼륨 있고 피부가 좋아 보이게 공을 들여 남자들에게는 대접받고, 여성들의 신경전에서도 승자가 되려고 한다. 생존하기 위한 절박한 전략! 그래서 여자들 모임에서 "요새 살쪘어요? 뱃살, 무슨 일이에요"라는 말을 듣기라도 한 날엔 지옥 밑바닥에 떨어진 기분이 들 수밖에 없다.

제1장 '젊음을 신경 쓰는 마음'을 내려놓는다

이러한 굴레 속에서 40년간 갇혀 지낸 50대는 에스트로겐 감소로 인한 처진 가슴과 엉덩이, 넓어진 허리통, 탄력 잃은 피부를 보고 마음이 다급해진다.

'30대로 보이는 아름다운 50대'가 되려고 지갑을 여는 시장이 존재하는 이유다. 이곳에서 '아름답다'는 말을 듣는다고 해도 이젠 생식도 하지 않는데 말이다. 남자들의 시선을 받고, 여성들의 신경전에서 이겨도 인생에는 아무런 이득도 없다.

뇌과학 관점에서는 '아무 소용도 없는 노력을 하고 있다니'라는 생각이 든다.

그러나 50대는 돈을 들이면 아직 '여성호르몬이 나오는 척 위장'할 수 있는 시기이므로 위장을 즐긴다는 의미로 보면 괜찮지 않을까?

인생은 길다.

즐기는 방법이 다양해지면 좋다.

Point

그래도 인생에는 아무런 이득이 없다.

'외모가 아름다운 사람이 이기는' 게임 (남성 편)

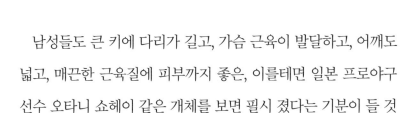

남성들도 큰 키에 다리가 길고, 가슴 근육이 발달하고, 어깨도 넓고, 매끈한 근육질에 피부까지 좋은, 이를테면 일본 프로야구 선수 오타니 쇼헤이 같은 개체를 보면 필시 졌다는 기분이 들 것이다.

진실을 말하면 정말로 진 게 맞다.

이러한 신체는 면역력이 강한 인간임을 증명하기 때문이다. 즉 엄마 배 속에서 남성호르몬을 풍부하게 받고 면역력도 강한 남자가 성장기에 좋은 환경에 있었다고 증명하는 셈이다.

암컷 동물은 모름지기 면역력이 강한 수컷에게 끌린다. 당연히 자손에게 우수한 면역력을 물려주기 위해서다.

많은 여성이 큰 키에 매끈한 근육질에 잘생긴 남자를 좋아하는 이유다.

남성들도 이를 본능적으로 알고 있다.

반면 얇아진 모발, 기미, 주름, 늘어진 근육과 같이 나이 든 외모는 면역력이 약해졌다는 증거다. 게다가 나이 들어 나는 체취는 젊은 암컷에게 '이 개체는 생식에 적합하지 않다'는 정보를 전달하는 신호이기도 하다.

그렇다면 남성들도 50대가 되면 조금은 조바심이 들지 않을까? 하지만 예상과 달리 남성들은 60에 생식기를 끝내고 다음 인생이 시작된다.

이제 큰 키의 잘생긴 남자에게 아무것도 빼앗기지 않는다. 이렇게 생각하면 한 인간이 외모로 평가받지 않는 좋은 시기가 시작되었다고 할 수도 있다. 그러니 거울에 크고 작은 세월의 흔적이 비쳐도 우울해질 필요 없다.

다만 이때의 남성들은 여성과 다르게 생식의 가능성이 0이 아닌 데다, 이성의 호감을 얻으려는 의욕이 넘치고 자기관리를 하는 멋쟁이 60대 남성을 나는 굉장히 좋아한다. 내 바람이지만 그들이 포기하지 않고 노력하길 바란다. (웃음)

아름다운지는 중요치 않다

여성들이 외모의 굴레에서 해방되었으면 한다.

60대가 시작되면 '여성호르몬이 나오는 척 위장'하기도 어려워진다. 계속해서 '여성호르몬이 주는 아름다움'을 찬양하면 도저히 극복할 수 없는 나이의 벽을 느끼고 우울해지거나 도리어 빨리 늙을 수도 있다.

제1장 '젊음을 신경 쓰는 마음'을 내려놓는다

60이 되기 전에 '외모가 뛰어난가, 뛰어나지 않은가'는 인생의 후반부와 관련이 없음을 받아들이자.

체중과 허리둘레 치수는 건강을 관리하는 차원에서만 신경 쓰면 된다. 그리고 이 나이 때는 적정 체중의 개인차가 크다. 젊었을 적보다 체중이 늘었을 때 체력이 더 좋다는 사람도 있는가 하면, 몸이 가벼워야 무릎이 편하다는 사람도 있다. 이는 운동 여부, 소화 기능과도 관련이 있다.

컨디션이 좋아지는 체중을 알게 되면, 그 체중을 유지할 수 있는 생활을 하면 좋다.

"살쪘어요?" "살 빠졌어요?"처럼 남들이 하는 말에 일일이 반응하지 않아도 된다. 설령 듣게 되더라도 "그래 보여요? 적정 체중을 유지하느라 별로 신경 쓰지 않아서 몰랐네요"라고 의연하게 웃어 보이면 어떨까?

Point

'나이의 벽'은 특히 여성에게 빨리 늙는다.
무엇보다도 중요한 것은 컨디션이다.

남의 외모에 참견하지 않는다

남의 외모에 참견하지 않으면 자신의 외모에도 신경 쓰지 않게 된다. 여자들 모임에서 "요새 살쪘어요?" "무슨 일 있어요? 안색이 나빠 보여요" "레이저로 기미 없앨 수 있는데" 등 부정적인 지적이 습관이 되었다면 당장 멈춰야 한다.

절친한 친구가 걱정돼 어떻게든 말해주고 싶은 심정이겠지만, 그 걱정은 이제 무용하다. 60년이라는 세월을 살다 보면 별일이 다 생긴다. 기미도 생기고 피부도 칙칙해진다.

설령 간 수치에 문제가 있어서 그렇다 하더라도, 당사자가 증상을 자각하지 않으면 지적을 들어도 의사에게 가지 않으니 그다지 의미가 없다.

60이 넘은 여자 동성 친구들의 역할은 긍정적인 말을 주고받고 서로 기분 좋게 해주는 것이다. 물론 같이 슬퍼해 주고 화내줄 때도 있겠지만 이는 상대가 원할 때만 가능하다.

젊음에 대한 동경을 끊어낸다

이 긍정적인 말을 주고받을 때 주의해야 할 것이 있다. '싱그럽다' '젊어 보인다'의 칭찬은 금기어다. 이런 칭찬을 하게 되면, 말하는 쪽도 듣는 쪽도 평생 젊음에 대한 동경에서 빠져나오지 못한다.

젊다는 건 실로 아름다운 것이다.

하지만 이 젊음은 생식(生殖)을 위한 무기다. 생식의 경기장에서 내려온 우리에게는 쓸모가 사라진 무기다.

생식을 위해 아름다움을 두른 사람들은 우리와 다른 생물이라고 생각하는 게 좋다. 백조를 보고 아름답다고 생각하듯이 그녀들을 아름답다고 생각하면 그만이다. '나도 한때는 저랬는데' '잘만 하면 지금도 저렇게 될 수 있어'라고 생각할 일이 아니지 않을까?

아무튼 매력적이다

60, 70대에는 그 나이의 아름다움이 있다.

미국의 여배우 메릴 스트립이나 다이안 키튼은 60 이후가 훨씬 더 멋지다. 주름과 턱살이 물론 있지만, 이들의 웃음과 유머 감각에서 느껴지는 '숱한 인생의 풍파를 뛰어넘은 경험치'는 매력적으로 다가온다.

매력적이라 하니, 영화 〈맘마미아! 2〉에 등장한 셰어라는 가수가 무척 매력적이었던 기억이 난다.

2018년에 개봉한 이 영화에서 1946년생의 그녀는 촬영 당시 아마 일흔이 넘은 나이였을 것이다.

영화에서 그녀는 결코 어려 보이지 않고, 일흔의 제 나이로 보인다. 그러나 품위 있는 행동과 유머 감각이 그녀를 한층 더 빛나게 했다. 그 자리에 서 있기만 해도 '숱한 인생의 풍파를 뛰어넘은 경험치'가 느껴지는 여배우다. 아직 50대인 여배우들은 가질 수 없는 것 아닐까? 연기가 아니라 '존재'가 전해지는 감성 정보니까.

나는 다이안 키튼처럼 사랑스러운 60대를 보내고, 셰어 같은 매력적인 70대가 되고 싶다.

늘 그렇게 되길 바라고 있다.

그래서 '젊어 보인다'는 말을 들어도 아무 감흥이 없다.

그렇다, 우리의 뇌에는 '숱한 인생의 풍파를 뛰어넘은 경험치'가 있다. 남은 건 웃음과 유머 감각뿐이다. 이건 누구든 할 수 있는 일이다.

이렇게 생각하면, 타고난 외모의 격차가 두드러지게 나타나는 젊은 시절에 비해 60대 때는 공평한 걸지도 모르겠다.

Point
- # 우리의 뇌에는 '숱한 인생의 풍파를 뛰어넘은 경험치'가 있다.

타고난 외모의 격차가 없어진다

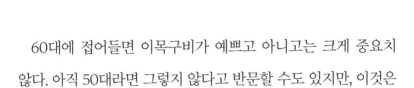

60대에 접어들면 이목구비가 예쁘고 아니고는 크게 중요치 않다. 아직 50대라면 그렇지 않다고 반문할 수도 있지만, 이것은 정말이다.

사람이면 누구나 눈꺼풀이 처지고, 눈도 작아지고, 턱선도 흘러내린다. 한때는 외모에 차이가 났어도 나중에는 이 차이가 확 줄어든다. 남들의 기를 누를 만큼 외모가 뛰어났던 사람이 의외로 평범해지거나, 외모가 뛰어나지 않던 사람은 생각보다 나빠지지 않거나….

허리둘레도 가슴둘레도 젊을 때는 10센티 차이면 몸매 라인이 확연히 드러났지만, 나이가 들면 아름답고 입체적인 곡선이 나오지 않아 살이 찌든 빠지든 별반 다를 게 없다.

이건 기본적으로 남성들도 똑같다.

외모에서 세련미가 사라진다.

이것이 바로 60세가 된다는 것이다.

지금까지 예쁘고 잘생겨서 인기 있었던 사람에게는 미안한 이야기지만, 외모는 이제 소용이 없다.

60대가 되고서 '멋지다'는 말을 듣는 이들은 표정이 풍부하고 유머 감각이 있다. 감사하게도 이 두 가지는 나이가 몇이든 노력하면 얻을 수 있다.

기억이 자꾸 깜빡해도 웃음과 유머 감각이 있으면 함께 하는 사람들을 행복하게 해줄 수 있어 살아가는 의미가 생긴다.

Point

외모에서 세련미가 사라진다.
60대가 되고서 '멋지다'는 말을 듣는 이들은 외모가 아니라 유머이다.

'치매를 신경 쓰는
마음'을 내려놓는다

• 젊을 때 신체가 100점이면 앞으로는 천천히 점수가 낮아질 것이다.

이건 슬퍼해야 할 일도, 거슬러야 할 일도 아니다. 왜냐면 젊고, 살 의욕이 넘치는 세포와 신경계가 죽어가는 과정은 상당히 괴롭기 때문이다. 역동적으로 움직이고 있는 심장이 멈춘다고 상상만 해도 고통스럽다. 실제로 죽다 살아난 사람도 그렇게 말한다.

사람은 누구나 인생을 졸업한다. 60까지 살면, 이젠 이 졸업을 얼마나 평온하게 맞이할 수 있을지가 인생 최대의 관심사가 된다. 이런 관점에서 '늙음'은 평온한 죽음을 위해 뇌가 우리에게 준 선물이다. 늙음은 태어난 순간부터 뇌와 신경계에 입력된 하나의 이벤트다.

'늙음'은 다정한 마법

이를테면, 걷지 못하게 되면 뇌는 세계관을 좁히려고 한다. 집 안 현관까지 걷지 못하는 신체에 '세상 끝까지 가보고 싶은 왕성한 호기심'이 있으면 잔혹하지 않을까?

제2장 '치매를 신경 쓰는 마음'을 내려놓는다

뇌가 세상을 확 좁혀놓았기 때문에 바깥이 어떤지 알 수 없어진다.

자녀는 이런 부모를 보고 '치매'라고 말하지만, 관점을 달리하면 뇌가 다정한 마법을 걸어줬음이 분명하다.

나의 엄마는 여든여덟 이후로 거동이 힘들어지고 세상일에 어두워졌지만, 화장실까지 걸어갈 수 있고 식사도 맛있게 드셔서 괜찮았다.

제철 요리를 즐겨 드시고, 정원에 핀 꽃들에 애정을 주었으며, 마지막까지 나와 남동생을 잊지 않다가 2년 정도 지난 어느 날 잠든 채로 눈을 뜨지 않았다.

이 하루 전날, 엄마의 각종 바이털 수치가 한꺼번에 떨어졌다. 모든 장기의 세포가 일제히 활동을 멈추었다. 이것이야말로 이상적인 졸업이라고 나는 생각한다.

몇몇 장기가 살려고 저항하다 괴로워지는 일 없이 몸속의 세포가 동시에 일제히 활동을 정지하고, 심장은 고요히 멈췄다. 내 엄마지만 훌륭했다.

사람의 일생은 맡기면서 시작하고, 의지하며 끝난다

세상은 엄마의 여정을 '늙음'이나 '치매'라고 하겠지만, 나에게는 모든 것이 '해방'과 '안녕'으로 보였다.

사람이라면 응당 걷게 될 길인데 부정적으로 여기고 싫어할 필요가 있을까? 사람은 누구나 일정 기간은 보살핌을 받아야 하므로 당연히 '손길'이 필요한데 이건 태어났을 때도 마찬가지다. 그러니 태어난 곳으로 되돌아갈 때, 또 한 번 손길을 빌려도 이상할 게 없다.

사람의 일생은 엄마나 엄마를 대신할 사람의 손에 맡겨지면서 시작되고, 자녀나 자녀를 대신할 사람의 손에 기대어 끝난다. 이리 정해진 거라면 이제 중요한 건 얼마나 평온하게 떠나는가이다. 이렇게 생각하면 늙음도 치매도 하나도 무섭지 않다.

"나 요즘 들어 정신을 놓고 살아"

"다행이네, 편하게 떠날 수 있겠네"

이런 대화가 오가도 좋을 정도다.

30세 정도의 뇌와 신체를 인생의 절정기로 본다면 이후부터는 감소되니 50대 무렵에는 조바심이 생기고 60부터는 체념과 슬픔 속에서 살게 된다.

인생은 자고로 저세상에서 왔다가 저세상으로 돌아가기까지의 드라마다. 산에 오르면 내리막길이 있듯 마지막에는 원래 있던 곳으로 되돌아가기 위해 '늙음'이라는 비탈길을 내려간다.

오직 그뿐이다.

우리의 뇌는 알고 있다.

돌아갈 곳이 있다는 것을….

물론 나도 열여덟 살에 '60이 넘으면 늙음이라는 비탈길을 내려갈 뿐이다'라는 말을 듣고 '말도 안 돼. 60까지 나이 먹고 싶지 않아'라고 분명 생각했다. 그러나 60을 넘긴 지금은 마음이 두둥실 편안해졌다.

열여덟 살 때보다 '원래 있던 곳'이 존재한다는 확신이 훨씬 강해졌다.

이유는 잘 모르겠지만….

번뜩 떠오르고 사라지는 무언가

무언가 뇌에서 사라질 때가 있다.

무언가를 떠올릴 만한 단서 같은 게 불현듯이 뇌에서 번뜩였지만 잡아두지 못한다. 이 와중에 본래의 기억 자체가 뇌에서 흩어져 사라진 느낌이 든다.

중요한 일 같았는데 뭐였을까…. 이 미덥지 못하고 불안한 느낌을 젊은 사람들이 알 턱이 없다. 하지만 60 언저리에 있는 이 책의 독자들에게는 친숙한 감각 아닐까?

어제 나는 커피 젤리를 먹으려고 냉장고 문을 연 순간 '두둥실 무언가 번뜩였지만' 결국 붙잡아두지 못하고 찝찝한 마음으로 문을 닫았다. 그리고 조금 있다 요리를 하려는데 '어머나, 아까 고기 해동하려고 했던 거야'라고 깨닫고 헛웃음이 나왔다.

늙으니까 이런다고 속상해 하는 사람이 많다. 그런데 실은 '너무 많이 일하는 뇌를 쉬게 하려는 브레이크'일 가능성이 높다.

알아차리기 능력은 60대에 최고조

순간적으로 번뜩이는 '앞일의 앞일까지 알아차리는' 능력은 회사 경영이나 집안일처럼 '다방면으로 눈길이 닿아야 하는 종잡을 수 없는 멀티태스크'에 효율적으로 쓰인다. 사실 이 알아차리는 능력은 56세에 정점을 찍고 60대가 전성기다(그 이유는 제3장에서 자세하게 설명한다).

잘 생각해 보라. 집안에서 가장 잘 알아차리는 사람이 누구인지를….

지라시스시(흩뿌림 초밥)를 만들 때 곧바로 말린 표고부터 우려야겠다고 생각하는 사람은 초보 주부가 아니라 베테랑 주부다. 60대 주부는 다른 가족들보다 몇 배 이상의 일들을 알아차리고 그 일을 하는 김에 잽싸게 정리까지 한다.

이를테면 우리 같은 베테랑 주부는 욕조의 물기를 그냥 두지

제2장 '치매를 신경 쓰는 마음'을 내려놓는다

않는다. 거울이나 수도꼭지에 생긴 물기는 다음 날이면 동그란 고리 모양으로 남는다. 게다가 며칠 내버려 두면 힘을 줘서 닦지 않으면 지워지지 않는 물때가 된다. 아직 물기일 때 닦아야 청소가 편해지기 때문에 그렇게 하는 것이다.

나는 목욕을 마치고 다 쓴 수건으로 욕실 구석구석 눈에 띄는 대로 닦는다. 하는 김에 샴푸가 얼마나 남았는지 확인하고, 아무렇게나 놔둔 칫솔도 제자리에 두고, 손주들의 장난감도 주워서 바구니에 넣는다.

그런데 딸들은 이런 엄마를 본체만체 팩이며 마사지며 머리 말리느라 정신이 딴 데에 가 있다.

머리카락은 사방에 떨어져 있고, 벗은 속옷은 아무렇게나 던져서 빨래 바구니에 걸쳐 있다….

하지만 언젠간 분명 그녀들에게도 욕실의 물기가 계속해서 신경 쓰이는 날이 온다.

다름 아닌 뇌가 성숙해졌다는 증거니까.

20대에 시집온 나는 욕조의 수도꼭지를 닦아본 일이 없다. 머리카락도 한 올 한 올 주운 기억이 없다. 그런데도 욕실이 늘 청결했던 이유는 시어머니가 청소해 주셨기 때문이다.

얼마지 않아 시댁 바로 뒤에 있는 아파트로 이사를 가게 되었고, 내 손으로 관리해야 하는 욕실이 생겼지만, 한동안은 물기를 닦아야 한다는 의식이 없었다.

계절이 바뀔 때마다 '거울 물때 제거'에 열을 올렸다. 그러다 물기일 때 닦으면 이러지 않아도 된다는 걸 알게 된 후로는 물기를 내버려 두지 못하고 있다. 이 일이 있고서 시어머니의 "물기 닦아두면 나중이 편하지"라는 말씀이 새삼 떠올랐다.

어린 며느리가 그렇지 뭐.

그래서 지금의 나는 며느리에게 이러쿵저러쿵 잔소리할 생각이 추호도 없다. 며느리는 머리도 좋고 주변을 잘 살피는 사람이라, 60대가 되면 분명 나처럼 혹은 그 이상으로 욕실의 물기를 닦고 있을 것이다. 그런 날이 언젠간 온다고 생각하니 안쓰러운 마음뿐이다.

그런 행동을 한다는 자체보다 그걸 알게 되었다는 힘듦이 안쓰럽다. 순수하게 자기 자신만을 생각할 수 있는 시간은 의외로 짧으니까.

내가 너무 잘해서
35세 이하는 게으르고 수동적으로 보인다

60대 베테랑 주부의 알아차리는 능력은 인생에서 최고다. 당연히 가족들은 아무도 따라오지 못한다.

그러나 당사자는 자신이 바뀌었다는 자각이 아예 없어서 가족을 원망하기도 한다. 이미 다 알고 있으면서 하지 않는다고 말이다. 혼자만 바빠 치우고 정리하기도 모자라 고생했다거나 고맙다는 말도 없다. '나만 하고 있잖아. 다들 집안일이 우습나? 내가 다 할 거라고 생각하고 있어. 너무들 해'라고 생각한다.

아니, 그런데 틀렸다. 그저 알아차리지 못했을 뿐이다.

젊은 시절의 나처럼 무슨 말을 들어도 와닿지 않는 경우도 있다. 엄마가 하는 말을 가볍게 여기는 게 아니다. 뇌가 처리하지 못했을 뿐이다.

일할 때도 마찬가지다.

56세 이상 베테랑의 눈에 35세 이하의 직원들은 모두 미련해 보인다.

눈치가 없다, 감이 없다, 말해도 알아듣지 못한다, 발상력이 부족해서 '시키는 일만 하는 사람'으로 말이다. '요즘 애들은'이라는 말이 목구멍까지 차오르지만 실은 자신의 뇌가 우수해져서 그렇게 보인다는 사실…!

그래서 60대 창업주와 30대 후계자 사이는 꽤 엄격하다.

어느 누구도 자신의 뇌가 바뀌었다고 생각하지 않기 때문에 창업주는 자신이 30대 시절일 때도 지금처럼 감이 뛰어난 경영인이었다고 믿고 있다. 그래서 자신에 비해 엉성하고, 물러 터졌고, 의욕이 없어 보이는 후계자를 보면서 앞날을 걱정하거나 화내기 일쑤다.

Point

뇌가 바뀌었다고 생각하지 못하기 때문이다.

60이 되면 가족과 부하 직원에게 너그러워지자

60이 되면 주변 사람들에게 너그러워지자.

어떤 사람이 미련해 보이면 '아이쿠, 내가 너무 우수해졌단 말이지'라고 생각하고 일단 화를 멈춘다. 그런 다음에 참견할지, 도와줄지, 아니면 그 사람이 알아서 실패하고 배우고 성숙해져 가는 모습을 지켜볼지 이성적으로 선택한다.

나는 일할 땐 기본적으로 지켜보는 쪽이지만, 집안일에서는 도와주기도 하고 지켜보기도 한다. 유언이라도 하는 마냥 "이건 이렇게 해야 하는 거야. 그래도 내가 아직 살아 있는 동안은 내가 할게"라면서 해주는 경우가 많다.

Point

\# 사람은 누구나 성숙해 간다.

정년을 앞둔 남편들에게

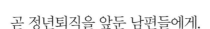

곧 정년퇴직을 앞둔 남편들에게.

집안일을 하지 않던 남편은 유감스럽게도 아내의 눈에 '살림 초보'로서 '서투르고 지시만 기다리는 인간'으로 보인다.

아무리 똑똑하고 아무리 열심히 해도 30년 넘는 아내의 경험 치는 결코 뛰어넘을 수 없다. 그런데 아내는 자신이 굉장히 훌륭한 살림꾼이라는 사실을 모른다. 그래서 '딱 보면 아는데 남편은 모르쇠다. 게으르고 치사하고 못됐다'고 굳게 믿고 있다.

이 오해는 어서 풀어야 한다.

남편들은 정년퇴직하고 나면 곧장 "당신의 살림 실력은 칭찬 받아 마땅해. 두루두루 다 살펴보고, 동시에 척척 처리하면서 정리까지 하는 실력은 회사로 치면 아주 존경을 받는 베테랑 기술이야. 당신 덕분에 지금까지 안심하고 밖에서 일할 수 있었어. 진심으로 고마워"라고 찬사와 감사의 말을 전한다.

이렇게 긴 문장을 외울 자신이 없으면 문자로 보내도 좋다.

그리고 세 가지 부탁을 해보자.

부탁❶ "그런데 이건 알아줬으면 해. 당신에게 빈틈이 보이지 않아서 뭘 도와야 할지 모르겠어. 도움이 필요할 때 지시를 해줘. 아무 말 않고 속으로만 기대하면 난 알 수가 없어. 왜 도와주지 않느냐며 버럭 화내지 말고."

부탁❷ "그리고 처음에는 어설퍼도 짜증 내지 말고 반복해서 설명해줘."

부탁❸ "당신의 살림 솜씨를 보고 있으면 같이 할 엄두가 안 나. 줄넘기 선수가 엑스자로 1회선 2도약으로 뛰고 있는데, 그 안으로 갑자기 들어오라면 불가능하지 않겠어? 그러니까 당번을 정하면 어떨까? 빨래 당번이든, 욕조 청소 당번이든 나 혼자서 잘할 수 있는 전문가가 되어볼게. 그래도 처음에는 자세하게 알려줘야 해."

이만큼 포석을 깔아두면 아내도 자신의 살림 실력이 '아크로 바틱한 교차 1회선 2도약 줄넘기'라고 납득하게 돼 분명 초보자 남편에게 부드러워질 것이다.

나이가 60이어도 여자의 마음은 영원히 열네 살이어서 꽃밭에서 나풀나풀 뛰어다니는 소녀 같다. 이 착각이 '살림 초보'인 60대 남편이나 며느리에게 화를 내는 이유다.

그러니 60대 베테랑 주부들이여, 정말이지 가족들에게 너그러워졌으면 한다. 당신은 너무 우수하다.

너무 많이 알아차리는 고통

60대 뇌의 알아차리는 능력은 멈출 줄 모르나 싶지만, 사실 어느 지점에서 '하루에 처리할 수 있는 능력'을 초과한다.

모든 방면에서 알아차리는 능력을 발휘하다가는 24시간이 부족해진다.

약 10년 전, 60대 부부를 대상으로 한 강연에서 한 남성이 "아내가 밤 11시 이후에는 욕조에 들어가지 말라고 합니다. 지인들과 술자리가 있는 날에도 샤워를 못해요. 어떻게 하면 좋을까요?"라고 질문했다.

옆 좌석에서 미소를 보이는 아내에게 "왜 이런 규칙이 있나요?"라고 물었더니 "저는 욕실 물기가 신경 쓰여서 천장까지 다 닦지 않으면 잠이 오지 않아요. 전 아무리 늦게 자도 11시에는 자요. 만약 남편이 자정에 욕조를 쓰면 저는 일어나서 잠옷을 갈

아입고 천장의 물기를 닦을 수밖에 없어요. 안 그러면 잠이 오지 않는걸요"라고 대답했다.

씻지 못하는 남편도 딱했지만, 침대에서 일어나는 아내는 훨씬 더 딱해 보였다.

당시 50대 초반이던 나는 아내가 굉장히 예민하다고 생각했는데, 요즘엔 나도 천장의 물기가 신경 쓰이기 시작해 '비나이다 비나이다' 하는 마음으로 살고 있다.

60대의 알아차리는 힘, 이젠 멈춰라!

Point ᐧ────

#60세가 되면 눈이 많이 침침해진다. 그러나 20대가 보지 못하는 것이 보인다.

제2장 '치매를 신경 쓰는 마음'을 내려놓는다

뇌의 브레이크

이런 이유로, 아무래도 뇌가 브레이크를 밟는 모양이다. 최근 들어, 이게 바로 '번뜩 떠오르고 사라지는' 현상일까? 하고 생각한다.

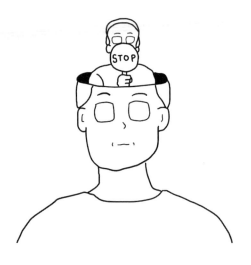

왜냐하면, 이것저것 다 알아차리고, 해야 할 일들이 밀려오고,

마침내 수습이 어려운 지경에 이르면, 이 '번뜩 떠오르고 사라지는' 현상이 발생하기 때문이다. 즉 뇌에서 알아차린 것들의 행렬이 줄 서서 대기하다 한계치를 초과해 더이상 유지할 수 없게 되자 뇌의 방어 본능이 일으킨 현상 아닐까?

비유하자면, 우리의 뇌는 여러 줄을 붙잡고 있다가 하나씩 잡아당겨 차례대로 정리한다. 그렇게 하루를 여유롭게 즐길 수 있도록 뇌가 줄의 개수를 줄여주고 있달까.

그래서 '번뜩 떠오르고 사라지는' 현상이 일어날 때, '늙음'에 겁먹는 대신 뇌가 정말로 잘 만들어졌다고 감탄하고 있다. 내가 쉴 틈 없이 부지런히 움직여도 처리할 수 없는 알아차림을 뇌가 멈춰주고 있구나 하고…. 뇌에 고마울 따름이다.

60대는 알아차리는 능력의 전성기다. 게다가 가끔은 '번뜩 떠오르고 사라지는' 현상으로 우리는 긴장을 풀고 일상을 즐긴다. 뇌의 '당연한 작업'을 '늙음'이라 생각해 슬퍼하거나 겁먹는 건 이제 그만하자.

밝고 명랑하게 살도록 하자♪

내일 할 수 있는 일을 오늘 하지 말라

이탈리아에는 '내일 할 수 있는 일을 오늘 하지 말라'는 격언이 있다.

60 이후의 나의 좌우명이기도 하다.

이탈리아인이 낙천적이고 놀기 좋아해서 나온 말이 아니다. 오히려 그 반대다.

이탈리아 주부는 손이 많이 가는 요리를 만들고 부엌을 번쩍번쩍 광나게 닦는다. 게다가 물이 경수인지라(미네랄 성분이 많은 물) 세탁물을 바로 말리지 않으면 굳어버려서 청바지도 다림질을 한다고 한다(이탈리아 여성에게 제일 힘든 집안일을 물어보니 대체로 '다림질'이었다고 한다. 손수 소스도 만들고 파스타도 만드는데 요리가 아니라니).

한 댄스 코치는 "레슨 시간에 제일 지각하지 않는 사람은 이탈리아인이다. 의외로 영국인이 아니다"라고 말했다. 생각해 보면 이탈리아는 매혹적인 자동차와 바이크를 생산하는 나라다. 최고급 신발, 가방, 패션을 세계에 알리고 아름다운 건물들이 늘어선 장인의 나라이기도 하다.

이토록 근면한 이탈리아인에게 근심 걱정 없고 낙천적인 이미지가 생긴 건 시간을 쓰는 방법과 인생을 완성해가는 방식이 남달라서가 아닐까?

60대는 젊은 사람들 눈에 성질이 급해 보인다.

왜냐면 남녀 모두 점점 알아차리는 일들이 많아지고, '알아차린 이상 꼭 해야 한다' 수준의 확신이 동반되기 때문이다. 그래서 '겨우 떠올려낸 알아차린' 기억이 사라질까 두려워 알아차린 순간 바로 행동으로 옮겨야 직성이 풀린다.

뇌는 자신의 변화를 자각할 수 없어서 당사자의 눈에는 '우리 회사 젊은 애들은 눈치가 없어. 왜 멀뚱멀뚱 있지? 왜 꾸물대지?'라는 식으로 비친다. 그래서 주변 사람들에게 지시하거나 푸념을 늘어놓는 경우도 많다.

예부터 '나이 든 사람은 다혈질이다'라는 말이 있는데, 실은

'뇌가 너무 우수해서' 속이고 있던 것이다.

아직 젊을 때는 알아차리는 일들이 적으니 '오늘 할 수 있는 일을 내일로 미루지 말라'는 말대로 살면 딱 좋다.

하지만 60 넘어 알아차린 족족 다 하고 있다가는 하루 24시간이 부족해진다. 특히 베테랑 전업주부는 주의해야 한다. 알아차린 일들에 몰두하다가는 '번뜩 떠오르고 사라지는' 현상도 늘어난다.

Point

내일 할 수 있는 일을 오늘 하지 말자.
60대의 좌우명으로 삼도록 하라.

미래의 나에게 메일을 보낸다

'알아차렸지만 지금 하지 않아도 되는' 일은 메모해 두고 나중으로 미루자. 그리고 유사성 있는 일들을 한꺼번에 처리해야 효율도 좋다. 때로는 하지 않아도 된다고 깨닫게 되고, '번뜩 떠오르고 사라지는' 현상도 점점 사라진다. 무엇보다 함께 사는 사람들에게 스트레스를 주지 않는다.

나는 '지금 하지 않아도 되는 일'이라고 깨달았을 때 나 자신에게 메일을 쓴다. 직장에서는 휴대폰으로도 확인 가능한 온라인 달력에 적어두고 기억에서 지운다.

전자기기뿐만이 아니다. 냉장고에는 메모지가 덕지덕지 붙어 있고 종이 달력도 사용하고 있다.

가족 단톡방은 적극 추천

그리고 가족 단톡방을 활용해 보자. 우리집은 연락용 단톡방과 손주 육아에 관련된 단톡방이 있다(주로 분유, 식사, 대변을 기록한다). 양쪽 단톡방에는 나와 남편 그리고 아들과 며느리가 있다.

예를 들면, 집에 사다 놔야 할 물건이 생각나 채팅창에 써놓으면 어느 한 명이 글을 읽고 사다 놓는 식이다. 가족 공지 사항도 여기에 적는다. 사진도 올릴 수 있어 굉장히 편리하다. '이 채반 여기에 넣어놔요' '커피콩 여기 뒀어요'처럼….

모두에게 한 번에 전달할 수 있고, '저번에 말했다' '들은 적 없다'와 같은 사태도 막을 수 있다. 이따금 '화장실 청소할 때 여기 꼼꼼하게 닦아줘요' 같은 개선 사항을 말할 때도 단톡방을 활용한다.

바쁜 와중에 집안일에 관련된 연락을 받으면 짜증 나서 잔소리로 받아들이지만, 단톡방이라면 여유로울 때 읽을 테니 순순히 '알겠어요~'라는 답장이 온다.

부부 둘이서만 지내는 집이어도 가족 단톡방은 적극 추천이다. 남편의 무심한 대답을 안 들어도 되고, 개선 사항을 말했을 때 '바빴는데 난들 어떻게 해'라며 욱해서 툴툴대는 얼굴도 안 봐도 되니까(웃음).

Point

모두에게 한 번에 전달할 수 있다.
발뺌을 할 수 없다.
특히 남편의 무심한 대답을 방지할 수 있다.

뇌 걱정보다 체력 유지

앞으로 내 체력이 떨어지고 처리능력도 떨어지면 '번뜩 떠오르고 사라지는' 현상 또한 늘어날 것이다.

실은 뇌가 쇠약해진 게 아니라, 쇠약해진 신체에 뇌가 맞춰주는 것이다. 걷지 못하게 되면 바깥일에 생각이 미치지 않듯이⋯. 이건 치매가 아니다.

뇌가 상정한 범위 내의 일이다.

뇌는 게으름을 피우지 않는다.

내 체력(처리능력)이 생활 유지가 불가능할 정도로 떨어지면 이제 돌봄을 받아야 하는 때다. 그때쯤이면 뇌도 신체에 맞춰 상당히 정신이 흐려진 상태이겠다.

그래서 나이가 들면 자신의 힘으로 걷고 체력을 유지하는 것이 중요하다. 아직 신체 장기가 튼튼한데 체력이 먼저 떨어지면 돌봄 받는 시간이 길어진다.

체력 유지에는 노력이 필요하다.

그러나 '자연스럽게 정신이 흐려지는 뇌'를 걱정해 본들 의미가 없다. 이것은 체력이 저하되면서 뒤따라오는 뇌의 자연스러운 생리이니까.

그래서 60이 넘으면 뇌를 걱정할 시간에 체력을 유지해야 한다. '몸을 움직이되 당신이 좋아하는 일'을 최소 한 가지는 찾도록 하자.

몸을 움직이되 좋아하는 일

사람은 좋아하는 일을 해야만 계속해서 몸을 움직일 수 있다.

하루에 30분 걸으라는 말을 들었지만, 산책을 좋아하지 않는 나로서는 힘겹기 짝이 없다.

그런데 잘생긴 남성에게 안겨 춤을 추는 거라면 3시간도 거뜬하다(웃음).

그래서 나는 사교댄스 애호가다.

아르헨티나 탱고도 출 수 있다. 또 줌바나 람바다로 불리는 라틴 댄스도 출 수 있다.

모두 남성이 리드하면서 추는 페어 댄스다. 춤을 추는 두 사람 사이에 말이 잘 통하고 원심력이 작용하기 시작하면 서로의 존재가 사랑스러워진다. 그래서 나이며, 외모며, 사회적 위치도 상관없어지며, 어린 10대들과 스스럼없이 댄스 동료가 될 수 있어 정말로 신기하다.

게다가 사교댄스 세계에서 60대는 청년 축에 든다. 작년에 "어머나, 첫 손주 보셨다면서요? 젊다, 젊어"라는 말을 여기저기서 듣고 놀랐다.

생각해 보면, 내 댄스 동료들이 '15년 전에 첫 손주를 본' 세대여서 그런가 보다.

세상을 뜨기 몇 주 전까지 파티에서 춤을 췄다는 90대도 드물지 않다고 하여 나의 목표도 이걸로 정했다. 체력이 다하는 순간이 생명이 다하는 순간….

이것이야말로 세상 어디에도 없을 행복이다.

Point •

　# 걷기가 힘든 사람은 사교댄스가 안성맞춤이다.

제2장 '치매를 신경 쓰는 마음'을 내려놓는다

60의 배움

60세.

몸을 움직이는 취미가 없다면 부디 하나 배우길….

사교댄스도 적극 추천하지만, 요즘에는 '성인 발레'가 유행인 것 같다. 내 어린 시절에는 발레를 소재로 한 소녀 만화가 대세였지만, 그렇다고 모두가 발레를 배운 건 아니었으니까.

사교댄스며 '성인 발레'며 모두 60 넘어서도 배울 수 있는 시스템으로 되어 있다. 움직일 수 있는 관절을 사용해 아름다운 자세를 만드는 방법을 선생님들이 친절히 알려준다.

그렇지만 댄스뿐 아니라 어른이 되고서 새로 배우기 시작하면 '젊은 애들처럼 술술 외워지지 않는다'는 걱정을 많이 한다.

그런데 애초에 어른의 배움에서 술술 외울 필요가 있을까?

나는 51세 때부터 이탈리아어를 배우고 있지만, 실력은 늘 제

자리다.

이탈리아어를 시작한 지 반 년 되었을 때, 당시 대학생이던 아들이 내게 "Come si dice in Italiano?"라고 물었다. "어머나 뭐라고? 무슨 뜻이야?"라고 되묻자 "'이거 이탈리아어로 어떻게 말해?'라는 의미예요" 하고 대답했다. "세상에, 너 이탈리아어 할 줄 알아?"라며 깜짝 놀란 내게 "엄마가 알려 줬잖아요"라며 멋쩍어하는 아들이다.

"아냐, 그럴 리가, 내가 언제 알려줬니. 착각한 거 아냐?"라고 말하자, 아들은 "엄마 이탈리아어 공책 봐 봐요"라며 한 발도 물러서지 않는다. 하는 수 없이 공책을 펼친 나는 어안이 벙벙해졌다. 공책 맨 앞장에 선명히 적혀 있었다. Come si dice in Italiano?(심지어 아주 친절하게, '꼬메 시 디치 인 이탈리아노?'라고 발음도 달아놓았다).

물론 내 필체로.

정말 소스라치게 놀랐다.

선생님한테 배운 기억도, 아들에게 알려준 기억도 까맣게 잊어버린 나 자신에게. 젊었을 땐 잊고 있던 일었던 일도 이쯤 되면 '공책에 필기한 기억'이든 '아들에게 알려준 기억'이 떠올라

제2장 '치매를 신경 쓰는 마음'을 내려놓는다

"아~ 그랬지"가 돼야 하는데 이마저도 깜깜무소식이다. 내 필체를 봐도 썼던 기억이 나지 않는다. 이 정도로 기억이 싹둑 잘려 나간 것을 처음 자각한 때가 쉰한 살이었다.

50대의 단순 기억력 저하는 상상을 초월한다.

여담이지만 일주일 뒤에 이탈리아어 교실에 같이 다니는 또래의 동급생에게 이 이야기를 했더니, 둘 다 "에이, 난 진짜 안 배웠어"라고 주장하는 게 아닌가.

그래서 말했다.

"공책 맨 앞장 봐 봐요."

두 사람은 Come si dice in Italiano? 라는 문장을 물끄러미 보더니 "이게 뭔 일이래?" 하면서 고개를 들었다.

박장대소할 노릇이다.

이런 학생들을 가르치는 이탈리아인 선생님이 심히 불쌍해서 우리는 선생님께 이렇게 말했다.

—저희는 이탈리아어를 배우기 위해서가 아니라 재미를 위해 다니고 있어요. 여러 번 가르쳐도 또 까먹을 거예요. 그래도 저희는 즐거운 마음으로 반복해요. 배웠다는 사실도 잊어버리는

나이니까요. 선생님 제발 스트레스받지 마셔요.

그로부터 10년 동안 우리는 여전히 초급과 중급 사이에 껴 있지만, 이탈리아에 관한 건 더욱 좋아졌다.

배워도 자꾸 까먹는다고 했지만 사실 어휘는 조금씩 늘고 있다. 인스타 팔로우 중인 이탈리아인의 이탈리아어로 쓴 과자 레시피도 다 이해한다. 경사가 완만한 나선형 계단을 즐기면서 오르는 느낌이다.

어른의 배움은 이걸로 충분하다.

60대 이후의 인생은 즐겁게 있기 위한 거니까. 결과가 나오지 않아도 괜찮다는 의미라기보단 '즐겼다'가 바로 결과인 것이다.

그래서 배움을 함께하는 동료는 아주 소중하다. 잊었던 사실도 웃어넘길 수 있는 밝은 친구와 함께하기를. 물론 나 자신도 그래야겠지만.

소뇌(小腦)의 패키지화

사람은 익숙지 않은 '일련의 동작'을 할 때, 대뇌에서 생각하고 동작을 행한다. 이후 여러 차례 반복하고 숙련되면, 일련의 동작이 소뇌에 패키지화돼 거의 무의식중에 자연스럽게 움직일 수 있게 된다.

소뇌는 '무의식'을 관장하는 기관으로 공간 인지와 신체 조절을 담당한다. 예를 들면, 우리는 이족보행을 할 때 하반신에 있는 여러 관절의 각도와 골반의 기울기를 조절한다. 동시에 바닥의 미끄러운 정도, 신발이나 옷의 상태, 보행로의 너비, 건너편에서 오는 사람이 스쳐 지나가는 움직임, 그가 아는 사람인지 아닌지 살피면서 아무렇지도 않게 걷는다.

그런데 이 모든 걸 일일이 생각하면서 행동하다가는('오른쪽 엄지발가락에 힘주고, 왼쪽 새끼발가락으로 강하게 버티고, 골반의 기울기는 조금 오른쪽으로'라고 생각하면서) 도저히 속도를 맞출 수가 없다. 이를 무의식적으로 행하는 영역이 소뇌이며, 사람은 8세까지 '보행'에 관한 뇌의 연산을 패키지화해 소뇌에 탑재한다.

모름지기 배움이란 '대뇌에서 생각하면서 행동하는 것'을 '소뇌의 패키지'로 바꾸는 행위다.

예를 들면, 골프를 처음 배울 때는 '자세는 이렇게, 골프채는 이렇게 잡고, 내려칠 땐 이렇게'라고 생각하면서 공을 치지만 이내 숙달되면 '자연스럽게 자세를 잡고 능숙하게 골프채를 휘두르면 명쾌한 소리와 함께 공이 멀리 날아간다'처럼 바뀐다. 소뇌의 패키지화가 성공했다는 이야기다.

어학도 마찬가지다.

처음엔 외국어 문장을 조립해서 말하지만, 이내 반사적으로 일련의 표현이 떠오르게 되면 그때부터는 나의 것이 된다. 즉 소뇌의 패키지화가 시작되었다는 신호다. 나는 이 어학의 '소뇌 패키지화'가 잘 안 돼서 진땀을 빼고 있다. 그래도 덕분에 평생 '배움'을 즐기고 있지만….

60대의 속도를 즐긴다

댄스나 발레를 배우는 노년 세대에서 '젊은 사람들처럼 안무가 빨리 외워지지 않는다며' 걱정하는 이들이 많다. 특히 아이들은 감탄스러울 정도로 안무를 빨리 외워서 그 속도 차이에 입이 떡 벌어지는 경우도 있을 것이다.

사실 안무를 외우려면 '소뇌에 패키지화된 일련의 움직임'을 풍부하게 가지고 있는 게 중요하다. 외국어로 치면 관용구에 해당한다.

예를 들면, 왈츠에는 '내추럴턴~ 스핀턴~ 프롬나드 포지션~ 윙~ 샤세'라는 일련의 동작이 있다. 44년이나 춤을 추면, 방문을 여는 자연스러운 동작처럼 일련의 동작이 어느새 끝나 있다. 이것이 소뇌의 패키지화다.

경험이 풍부한 댄서들은 이러한 패키지를 수두룩하게 많이 가지고 있고, 이 패키지들을 조합해 안무를 외운다. 그래서 단 두

세 시간 만에 3분짜리 안무를 만들고 외울 수 있다. 그리고 젊은 사람들은 '대뇌에서 생각하고 춤춘다'를 소뇌의 패키지로 바꾸는 데 걸리는 시간이 짧다.

어른의 배움에서는 패키지화하는 데 시간이 걸리지만, 그래도 나는 20대에 춤췄던 시절보다 60대인 지금의 속도를 더 좋아한다. 호흡이 잘 맞는 남자와 새로 배운 기술을 여러 차례 추는 동안 흐름이 매끄러워지는 감각을 나는 제일 좋아한다.

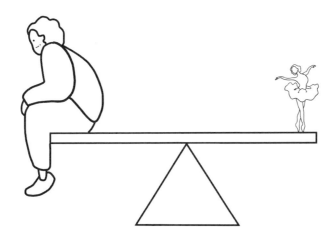

처음으로 합이 완벽했을 때 두둥실 떠다니는 쾌감도, 하이파

이브 하고 기분이 째지는 그 느낌도 최고다.

아이들은 일련의 동작을 패키지화하는 속도가 압도적으로 빠르다. 자신의 뇌에 잘 맞는 운동이면 딱 한 번 보고도 바로 따라 하고, 한두 번 췄을 뿐인데 패키지화되기도 한다. 그래서 안무도 척척 외우고 춤도 자연스러워 보인다. 하지만 너무 당연하게 여겨서 그만큼 빨리 질려 한다.

참된 묘미를 느끼지 못한다.

그러니 '어른의 배움은 자신의 뇌가 새로운 기술을 서서히 소뇌 패키지화해 가는 과정을 즐기는 취미'라고 생각하고 아이들과는 다른 방식으로 즐겨보자.

❶ 결과를 서두르지 않는다.
❷ 남과 비교하지 않는다.
❸ 패키지화 과정을 함께 즐길 동료를 만든다.

이것이 비법이다.

60대는 여행하고 배우기에 좋은 시기

60대의 배움, 실은 무척 탁월한 선택이다.

아무렴, 알아차리기의 고수니까.

60대는 젊은 사람보다 몇 배나 많이 알아차리고 본질에 굉장히 빨리 도달한다. '말로 표현할 수 없는 감성 정보'를 수집하는 능력은 20대를 압도한다.

생각해 보면 서예든, 고미술이든, 다도든, 일본 전통 연극인 노(能)든, 말로 형용하기 어려운 심연의 예술은 어느 시대든 주로 60, 70대가 소양을 쌓고 즐겼었다.

최근 나는 서예의 재미를 알게 돼 서예전도 보러 가고, 직접 배우고 싶어 몸이 근질거린다. 학창 시절에 서예를 배울 땐 고통스럽기만 했는데, 지금은 글씨와 붓의 흐름에 담긴 수많은 정보가 뇌로 흘러들어와 빛나 보인다.

인생, 이제부터가 재미있다.

지구 반대편의 낯선 거리에 서 있어도, 그 거리가 주는 수많은 감성 정보를 받아들이고 즐길 수 있다.

60대여, 여행도 떠나라.

Point

60대는 '말로 표현할 수 없는 감정 정보'의 수집광이 된다.

'자녀를 신경 쓰는
마음'을 내려놓는다

• 이번 장은 자녀가 없는 사람도 꼭 읽어보길 바란다.

뇌과학적 관점의 인생철학과 아기를 낳지 않는다는 선택을 존중하고 축복하는 이야기도 나온다. 아기를 낳지 않았다는 것이 결코 '인생에 결여된 부분'이라고 생각하지 않길 바라는 마음이다.

뇌는 필요치 않은 것부터 잊는다

40대 중반이 넘은 무렵이었을까, 건망증을 자각하게 돼 아주 조금 불안해졌다. 그러던 어느 날, 스승이던 언어학 교수님께 이 불안감을 털어놨을 때의 일이다.

곧 80을 바라보는 교수님은 이렇게 말했다.

"생각나지 않는 건 아직 고유명사뿐이지? 고유명사 정도는 별 거 아닐세."

"자네가 40년을 더 살게 되면"이라고 교수님은 이어 말했다.

"보통명사가 생각나지 않게 된다네. 보통명사가 생각나지 않으면 말일세, 사물의 존재 가치도 알 수 없게 되지. 예를 들면, 밥 주걱을 보고 이걸 뭐라고 하더라? 라고 생각한 순간 그것이 어디에 쓰이는 물건이었는지조차 어둠 속으로 사라져 생각나질 않지."

밥주걱이 모래알처럼 살랑살랑 허공으로 사라지는 이미지가 머릿속에 떠올랐다. 인식할 수 있는 것이 사라진다. "그건 무서운 일이네요"라고 하자 교수님은 겁먹은 내게 미소를 보였다.

"괜찮다네. 쓸모없는 것부터 사라지니 말일세. 밥주걱을 알아볼 수 없을 즈음이면 직접 밥을 해 먹고 있지 않을 거야. 반대로 말하면, 밥을 짓는 동안에는 잊지 않은 거지."

뇌는 필요치 않은 것부터 잊는다. 일리 있는 말이다.

보통명사마저 그리된다니, 고유명사를 잊는 정도야 정말로 아무것도 아니다. 안젤리나 졸리의 이름이 생각나지 않아도 하기야 인생에 지장은 없다. '여배우'라는 보통명사를 잊는 건 슬프지만, 그때쯤이면 분명 영화를 보고 싶다는 생각도 나지 않겠지.

그날 이후 나는 건망증을 걱정하지 않기로 했다.

뇌의 인지 범위가 좁아지는 거라면(게다가 '지금 살아가는데' 필요치 않은 것부터 사라지는 거라면) 뇌가 정답을 내놓는 속도는 빨라진다. 직감이 작동하는 듬직한 뇌로 바뀌었다고 볼 수 있지 않을까?

즉 뇌가 성숙해졌다고 말해도 무방하다.

제3장 '자녀를 신경 쓰는 마음'을 내려놓는다

뇌가 걱정에서 해방되는 순간

지금으로써 보통명사는 잊지 않았다(고 생각한다). 잊어도 상관은 없지만, 뇌와 언어를 연구하고 있는 이상 체험해 보고 싶은 마음은 있다. 자각할 수 있는 시간(명칭이 기억에서 사라지고 용도를 알 수 없게 된 시점부터 사물 자체를 인지하지 못하는 시점까지의 시간차)이 있을지는 잘 모르겠지만….

다만, 이 시간차는 아무래도 거의 없는 것 같다. 자각하기 어려워 보인다.

사실 작년에 나는 90세 엄마의 시간차를 목격했다.

병원 진찰실에서 간호사가 엄마에게 체온계를 내밀었는데 "이게 뭐니? 뭐라고 부르니? 어디에 쓰이니?"라며 연거푸 질문했다.

엄마는 바이털 측정기로 하루에 몇 차례나 체온과 혈압을 쟀었고, 수치에도 무척이나 신경 쓰는 편이었다. 열이라도 나면 난리가 나서 심각한 병을 여러 개 읊고 나서야 진정했다.

그런데 그날 엄마는 체온 측정 결과를 궁금해하지 않았다. 열이 나서 의사 선생님은 걱정하고 있는데 (코로나가 한창일 때조차도) 평소라면 난리 났을 엄마의 표정이 새삼 무심했다.

아, 이게 바로 언어학 스승이 알려주신 '보통명사를 잊는다'는 걸까 하고 가슴이 철렁했다.

잊었다는 사실을 지각(知覺)할 수 있는 시간은 굉장히 짧다. 찰나의 순간으로 엄마는 이 세상에 체온계가 있다는 것도, '열이 난다'는 개념이 있다는 것도 잊고 말았다. 나도 언젠간 이렇게 무언가를 잃어가겠지.

그래도 이대로 괜찮다는 생각도 했다. 엄마는 '열이 있으니 검사하자'는 말에도 불안해하는 기색 없이 검사받는 층으로 갔다. 엄마는 걱정 하나를 버린 것이다. 얽매인 것에서 자유로워졌다고 할 수도 있다. 일반명칭이 사라지는 것도 나쁘지 않다.

뇌는 최근의 기억에서부터 역순으로 말을 잊고, 이윽고 엄마의 온기에만 의지해 살던 그 시간으로, 저세상으로 되돌아간다.

아마도 이것이 가장 행복하게 뇌가 마무리하는 방법이다.

어머니들의 은혜

그런 엄마가 검사받는 층으로 가기 전, 뒤돌아보면서 "너는 집
에 가서 눈 좀 붙여. 피곤한데 이런 데 있지 말고"라고 말했다.

한창 육아로 정신없던 무렵, 부모님 집에 가자마자 "엄마 부탁
이야. 30분만 자게 해줘요"라는 말하고 시체처럼 자던 나를 엄
마는 잊지 않았나 보다. 체온계는 잊었어도.

"엄마" 하고 나도 모르게 불렀다. 엄마가 있어줘서 여기까지
왔다. 엄마에게 생명을 받고 엄마의 품에 안겨서. 엄마가 있어서
수험 생활도 이겨내고 일도 계속할 수 있었다. 그런데 이젠 아무
것도 해주지 못한다. 엄마의 은혜에 보답할 수 없다. 그런 생각
에 망연자실했다.

엄마가 이 세상을 졸업했다. 정확히 1년 전의 일이다.

그날 뒤돌아보던 엄마의 얼굴을 떠올릴 때마다 나는 "엄마 사

랑해요"라고 하늘을 향해 외치고 싶어진다. 엄마를 사랑했다. 엄마의 춤추는 센스(무용에 관련된 일정 지식과 기술을 갖춘 시험에 통과해 예명도 있었다), 엄마의 기모노와 가방 센스, 꽤 대담한 씀씀이도 사랑했다.

이런 엄마의 가장 큰 장점은 딸이 하려는 일을 단 한 번도 말리지 않았다는 점이다.

사치를 좋아하고 모험을 사랑하는 사람이어서 내가 "이거 해볼 생각이야"라고 말하면 나보다 더 신나서 힘닿는 데까지 응원

해 주었다.

내 인생은 나의 상상을 저만치 뛰어넘어 멀리까지 올 수 있었다. 이렇게 책을 쓰고 출간을 하고 있다. 작은 회사를 어떻게든 유지하고 가족을 먹여 살리고 있다. 50년 동안의 꿈이었던 라디오 진행자가 되어 눈물 없이는 읽을 수 없는 수많은 사연을 읽고 있다.

여기까지 오는 데 무수한 갈림길이 있었고 선택을 했기에 오늘이 있지만, 나보다 긍정적이고 낙천적인 엄마가 갈림길에서 나의 등을 밀어 준 적도 꽤 많다.

또 제일 큰 갈림길에서는 시어머니가 거대한 힘으로 나의 등을 살며시 밀어주었다.

2003년, 지금의 회사를 차릴 때 자금 조달에 애를 먹어 포기하려는 내게 "인생은 모험이니까. 도전해 보렴" 하면서 창업 자금을 대주었다.

2명의 어머니가 없었더라면 지금의 나는 없다.

두 어머니의 특징은 중요한 결단을 내릴 때 나보다도 긍정적이었다는 점이다.

성인이 된 자녀에게 잔소리는 무의미하다

자녀는 몇 살이 되어도 엄마의 표정과 말에 의외로 깊은 영향을 받는다. 사업을 준비할 때, 두 어머니가 "괜찮겠니? 그런 일을 한다니"라면서 눈살을 찌푸렸다면 나는 사업을 하지 않았을 것이다.

결국 자녀는 부모의 '그릇'을 넘어서지 못한다. 부모의 걱정을 있는 그대로 다 이야기하면 자녀는 부모가 바란 세상보다 더 작은 세상에서 살게 된다. 특히 성인이 된 자녀를 둔 60대 부모의 역할은 떠오른 대로 모든 걱정을 말하지 않고, 자녀가 살아가는 방식을 긍정해 주는 데 있다고 생각한다.

이유는 두 가지다.

애당초 성인이 된 자녀는 부모의 말로 살아가는 방식을 바꾸지 않는다.

또 다른 하나, 60대의 뇌는 '앞날의 위험 부담을 누구보다 잘 알아차리지만' 30대의 뇌에는 실패가 꼭 필요하기 때문이다. '60대가 자녀 걱정을 지나치게 하면 자녀의 인생이 부모의 기대 이하로 나빠지는 법칙'이 있다.

이 부분은 제4장에서 자세히 설명한다.

Point •————————————————————————

30대의 뇌는 실패가 꼭 필요한 법칙이 있다.

'결혼'과 '출산'은 금기어다

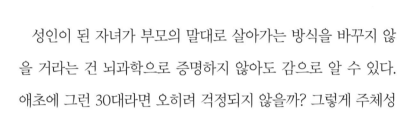

성인이 된 자녀가 부모의 말대로 살아가는 방식을 바꾸지 않을 거라는 건 뇌과학으로 증명하지 않아도 감으로 알 수 있다. 애초에 그런 30대라면 오히려 걱정되지 않을까? 그렇게 주체성이 없어서 어떻게 하니! 라는 느낌이다.

그러니 이러쿵저러쿵 말해도 무의미하다. 의미가 없으니 굳이 안 좋은 기억 주지 말고, 대신 기분 좋게 응원해 주면 부모와 자녀 사이도 좋아지니 이쪽이 훨씬 이득이다. 특히 '결혼'과 '출산'에 대해 잔소리하면 외려 원수지간이 된다.

부모가 결혼하라고 해서 결혼한다, 혹은 아이를 낳으라고 해서 정말로 아이를 낳는 자녀는 21세기에 단 한 명도 없다. '빨리 결혼하지 않으면 결혼하기 점점 더 힘들어진다' '아이를 낳을 생각이면 한 살이라도 젊을 때 낳아야 편하다'는 말은 이 세상의 진실이 맞지만, 21세기의 젊은이들은 '마음이 움직이지 않으면 결혼하지 않는' 주의인데, 부모에게까지 한 소리 들으면 더욱 마음이 움직이지 않는다.

인간은 '의무'와 '목적 달성'을 가지고 어떤 일을 할 때, 뇌 안에서는 문제 해결형 회로가 작동하기 시작한다. 이 회로는 '느끼는 능력 = 마음의 움직임을 잠시 멈추고 목적 달성을 위해 전략을 수행하는 회로'다. 의무를 지고 어떤 일을 수행할 때는 누구든 이 회로가 작동된다.

즉 슬슬 나이도 있으니 결혼해야겠다고 마음먹고 움직이기 시작하면, 느끼는 회로는 작동을 멈춘다. 여행지에서 우연히 만났다면 사랑에 빠질 만한 사람이어도, 결혼정보 회사에서 "이 사람 조건 좋아요. 얼굴도 잘생겼고요"라고 소개해 주면 끌리지 않는다는 이야기는 흔하다.

하물며 부모의 성화에 마지못해 오게 된 결혼 시장에 로맨스가 있을 리 없다. 아빠 혹은 엄마의 잔소리가 심해질수록 역효과가 일어난다는 뜻이다.

"너 평생 결혼하지 말고 엄마랑 같이 여행 다니면 그게 더 좋지"라고 말하면, "뭐? 엄마랑 같이 늙어간다고? '엄마랑 같이'가 아니라 '엄마한테 갇히는' 거잖아"라면서 한동안 우울해하다 새로운 인생을 시작하려고 할 수도 있다(웃음).

자신이 젊었을 때의 감정을 떠올려 보라. 주변에서는 '좋은 사람'이라고 하는데 이성적인 감정이 들지 않다가 '그 사람은 위험하니까 만나지 마'라는 사람에게는 설렌 경험이 누구에게나 있다고 생각한다.

자녀가 결혼하길 바란다면 '결혼', 이 두 글자를 꺼내서는 안 된다.

Point
이러쿵저러쿵 말해도 무의미하다.
청개구리 법칙은 결혼과 출산에도 적용된다.

'아이를 낳아야 어른이 된다'는 난센스

그리고 근본적으로 '인간은 결혼을 해야 어른이 된다' '아이를 낳아야 어른이 된다'는 사고방식 자체를 버리면 어떨까?

지구의 인구는 80억 명에 육박했다. 나의 대학 시절(1980년 무렵), 지구의 인구는 40억 정도였는데, 40년 만에 두 배로 불어 났다. 예전에 한 과학자는 '지구상의 모든 자원을 아무리 효율적으로 써도 이 지구에 살 수 있는 인류는 80억 명까지'라고 했다. 다른 행성을 이용하자는 이야기를 이제는 인류가 진지하게 생각해야 할 때다. 그러나 다른 행성을 이용하는 미래가 실현되기 전에 지구 80억 명의 시대가 먼저 당도할 것이다.

인류가 이 지구라는 닫힌계(closed system)에서 살아가려면, 어느 정도 인생을 즐긴 자들이 '정년퇴직'처럼 '정년 수명'으로 지구를 졸업하든가, 인구가 완만하게 감소하는 방법밖에 없다.

마치 이 상황을 알고 있었는지 출생률이 떨어지고 있다. 2000

년대 들어서부터 남성들의 성호르몬 분비량 저하 문제가 제기되었으며 초식남도 늘고 있다. 이 또한 자연의 거대한 흐름일지도 모른다.

이런 시대에 '인생에서 아이는 꼭 낳아야 한다'는 사고방식은 어떨까 싶다. 낳고 싶은 사람은 낳고, 그렇지 않은 사람은 자신을 위해 인생 자원을 마음껏 쓰면서 지구에서의 인생을 즐기면 그만이다.

제3장 '자녀를 신경 쓰는 마음'을 내려놓는다

뇌는 수명을 알고 있다

뇌는 태어나기 전부터 이 지구에서 놀다 갈 기간을 정한다. 나는 그렇게 믿고 있다.

1990년대, 도쿄의과치과대학 명예교수로 지내던 츠노다 타다노부 교수의 지도하에 나는 뇌 실험에 참가했다. 어느 날, 츠노다 교수가 불쑥 "뇌는 아무래도 처음부터 자신이 '몇 년 살지' 정해 놓은 것 같아, 수명처럼 보이는 고유진동(해당 뇌가 반응하는 특정한 주파수)이 있으니 말이야"라고 하였다.

물론 증명할 수 있는 종류의 견해가 아니어서 단순한 영감으로밖에 볼 수 없지만, 나는 그 자리에서 바로 수긍하고 말았다. 이전부터 내게 사람의 뇌는 '평온하게 죽기 위해 잘 늙어간다'는 생각만 들게 하였기 때문이다.

이 일이 있기 얼마 전 90 넘어 돌아가신 할머니들을 관찰하였는데, 몇 년에 걸쳐 뇌가 천천히 활동을 멈추는 그 모습이 '평온하게 떠나기 위한 프로그램'처럼 보였다. 왠지 할머니들의 뇌가 그해 그날에 떠날 것을 이미 알고 있어서 사전에 종료 프로그램을 작동시킨 듯이 보였던 것이다.

츠노다 교수의 이야기에 더욱 확신에 찬 나는 '뇌는 태어날 때이 지구라는 놀이 기구에서 몇 년 동안 놀다 갈지 정해 놓는다'고 납득했다.

수명이 길든 짧든 그건 뇌의 선택인 것이다. 뇌는 정해 놓은 몇 년 동안을 즐기다 저세상으로 돌아갈 뿐이다. 그래서 나는 내 수명이 전혀 궁금하지 않다. 그때 츠노다 교수께 "제 수명과 관련된 고유진동은 몇 살인가요?"라고 물어도 좋았겠지만, 그럴 생각을 전혀 못했다. 왜냐면 뇌가 이미 알고 있으니 뇌가 이끄는 대로 따라가면 된다. 늙음을 거스르지 않고 마지막 순간까지 그저 '지구'를 즐길 뿐이다.

깊이 고개를 끄덕이는 내게 츠노다 교수는 "자네는 수명이 몇 살인지 안 물어보나"라고 하였다. 그에 나는 "네. 궁금하지 않아서요"라고 답했다. 정말로 그랬다. 츠노다 교수는 "짐작은 했네. 그래서 말해본 걸세. 물어도 답해줄 마음이 없었으니까. 보통은 다들 궁금해하니 아무한테나 이야기하진 않네"라며 미소를 지었다.

제3장 '자녀를 신경 쓰는 마음'을 내려놓는다

하나의 별을 알면 모든 별을 얻는다

우리의 영혼은 이 세상에 생명을 부여받았을 때, 이 지구에서 몇 년 동안 놀다 갈지를 정해 놓고 왔음이 분명하다. 그 끝을 향해 '이륙 준비'를 마치고 떠난다.

생텍쥐페리의 《어린 왕자》를 읽어보았는가? 사막에 불시착한 비행기 조종사가 어린 왕자를 만나는 이야기다. 비행기 수리에 고군분투하는 조종사 옆에서 어린 왕자는 자신의 별과 다른 별 그리고 지구에서 만난 사람들의 이야기를 들려준다.

이 지구에서 어린 왕자가 보고 느낀 것들이 너무도 따뜻하고 애절해서 비행기 조종사와 독자들의 마음을 아리게 한다.

이윽고 비행기 수리가 끝난 날, 어린 왕자는 "오늘밤, 나의 별로 돌아가"라고 말한다. 영원한 이별임을 깨닫고 슬퍼하는 조종사에게 어린 왕자는 이렇게 위로한다.

"아저씨는 어느 누구에게도 없는 형태로 별을 가질 수 있

어…"

"아저씨가 밤에 별을 올려다보면 말이야. 그 하나의 별에 내가 살고 있어서, 그 하나의 별에서 내가 웃고 있어서, 아저씨에겐 마치 모든 별들이 웃고 있는 것처럼 보일 거야. 웃고 있는 별들을 얻을 수 있다고!"

"그리고 슬픔이 누그러질 때(마음의 위안은 반드시 찾아오기 마련이니까), 아저씨는 나를 알게 돼 다행이었다고 생각할 거야. 아저씨는 언제까지나 나의 친구인걸." (스가 게이지로 역, 가도카와분코,《어린 왕자》에서)

영원한 이별이 있다고 해서 모든 게 무(無)가 되는 것은 아니다. 이 하늘에 반짝이는 수많은 별들 중 친구의 별이 있음을 알게 된 것만으로 모든 별이 특별해 보이기 시작한다. 단 하나의 별을 알게 되고, 그 별에서 미소 짓는 어린 왕자를 사랑한 것만으로 우리는 무수한 별들을 얻을 수 있다. 어린 왕자는, 생텍쥐페리는 그렇게 알려주었다.

하나를 사랑함으로써 전부를 얻는다. 이 얼마나 근사한 인생 철학인가.

60 넘은 우리는 이제 생식의 굴레에서 해방돼 성애의 대상(아름답고 섹시한 이성)에 구속되지 않는다. 덕분에 다양한 것들을 순수하게 사랑할 수 있다. 달리 말하면, 60대는 전부를 얻을 수 있는 나이다.

Point
지구의 소풍은 일정이 정해져 있다.
하나를 사랑함으로써 전부를 얻는다.

태어나줘서 고마워

나는 《어린 왕자》에 나온 이 글귀를 만난 날부터 모든 만남에 감사하고 있다. 1명의 라이더에게 반하면 바이크를 타는 모든 이에게 저절로 미소가 나온다. 1명의 댄서를 사랑하면 모든 댄서에게 응원의 목소리를 보내고 싶어 견딜 수가 없다.

나는 라디오 진행자니까 1명의 청취자에게 마음이 흔들리면 모든 청취자를 응원해 주고 싶어진다. 라디오 너머에서 귀 기울이고 있을 사람의 존재가 현실감 있게 다가오니까. 그 현실감은 모든 청취자에게서 느껴지니까.

하루는 라디오에서 이런 말을 했다. ― 자녀에게 사랑을 말로 표현하세요.

"네가 태어나서 정말로 기뻤어. 너의 부모가 되어 정말로 좋았어. 태어나줘서 고마워."라고….

이 말은 아이의 자존심에 뿌리가 되어 평생 아이를 지킨다. 아무리 부조리한 일을 당하고, 남들의 비난을 받아도 존재 자체를 긍정할 수 있는 사람은 정말로 강하다.

되도록 자녀가 집에서 독립하기 전에 말해주면 좋겠지만, 때를 놓쳤다면 자녀의 나이에 상관 말고 말해주자. 나이 80의 부모가 50 먹은 자녀에게 말해주어도, 그 자녀는 지나온 50년의 인생과 남은 인생을 긍정하게 된다.

그리고 1주일 뒤에 40대 청취자로부터 사연을 받았다.

'부모에게 그런 말을 들으면 정말로 인생을 긍정할 수 있겠어요. 그런데 부모가 이미 세상을 떠나 가족이 없는 저는 어떻게 하면 좋을까요?'

"제가 말해드릴게요. 이렇게 라디오와 제 인생의 인연이 되어줘서 고마워요. 당신이 이 지구에 태어나줘서 정말로 다행이에요"라고 나는 말했다. 이 사연을 읽는 순간, 부모로부터 인생을 긍정 받지 못한 모든 아이에게(이제는 커서 어른이 된 이들도) 마음을 줄 수 있게 되었다. 이런 장대한 '교신'이 가능했던 건 이 사람을 알게 된 덕분이다. 이 사람이 있어 줘서 정말로 다행이라고 진심으로 생각했다.

　누구든 이 세상을 살면서 사랑하거나 상처받는 것만으로, 누군가에게 '전부'를 준다고 생각한다.

　사람은 혼자서는 어른이 될 수 없는 생물이다. 반드시 누군가의 품에 안겨 어루만져지면서 어른이 되어 간다. 그리고 작은 생명을 안고 어루만진 이는 장대한 것을 얻는다. 이 세상의 모든 '작은 생명'이 현실감 있게 마음에 닿을 때 지구의 미래를 생각하니까.

　그 아이에게 그걸 알려줘야 한다는 마음이다.

　60세.

　아직 자녀에게 '태어나줘서 고맙다'는 말을 전하지 않았다면 부디 표현하길 바란다. 훗날, 자녀가 아까의 청취자처럼 마음의 미아가 되지 않도록….

죽은 것처럼 보이지만, 그렇지 않다

《어린 왕자》의 이야기로 돌아가자.

최후의 순간, 어린 왕자는 독사에게 몸을 맡긴다. 자신의 몸을 이 지구에 두고 떠나기 위해서다. 비행기 조종사에게 어린 왕자는 말한다.

자신의 별은 아주 멀리 있어서 이 몸과 함께 갈 수 없다고…. 죽은 것처럼 보이지만, 그렇지 않으니 슬퍼 말라고….

앙투안 드 생텍쥐페리는 비행기 조종사이자 소설가이며, 소설 《야간비행》을 모티브로 한 향수가 나오는 등 여러 베스트셀러 작품을 남겼다.

생텍쥐페리가 처음 쓴 어린이 책 《어린 왕자》는 1943년에 출간되었고, 다음 해인 1944년에 코르시카섬에서 정찰 비행에 나갔다가 지중해 상공에서 연락 두절되었다. 그를 격추한 나치스

독일군 병사는 생텍쥐페리의 애독자였으며, 훗날 '긴 세월 동안 그 조종사가 그가 아니길 빌고 또 빌었다. 그라는 걸 알았다면 쏘지 않았다'라고 말했다고 한다.

마지막으로 이 소설을 남기고 떠나다니, 생텍쥐페리의 뇌도 자신의 '기한'을 알고 있었다고밖에 볼 수 없다. 우리가 지구를 여행하러 온 여행자임을, 죽은 것처럼 보여도 슬퍼할 필요가 없음을 생텍쥐페리는 유언처럼 남기고 죽었다.

우리는 모두 고작 100년의 지구여행을 즐기러 온 여행자임이 분명하다.

당신도, 당신의 자녀도.

당신이라면 사막에서 만난 '지구를 즐기기 위해 내려온 작은 영혼'에게, '기한이 정해져 있는 여행자'에게 과연 '세상 여느 사람들처럼 살라고' 말할 수 있을까? 나라면 '너만이 발견할 수 있는 무언가와 부디 만나렴. 네가 겪을 고통도 슬픔도 애달픔도 모두 너를 위한 드라마니까'라고 말해주고 싶다.

그래서 나는 나 자신에게 이런 말을 해준다.

—'세상'에 이해받기 위해 살고 있는 게 아니야. 투명한 마음으로 이 별의 진실에 닿는 것. 비록 아프고 슬플지라도. 남들 눈에 어떻게 비치든 상관없어. 내 눈에 지구가 어떻게 비치는지가 중요해, 라고.

이 말을 당신에게도 보내고 싶다. 당신이 '세상'에서 해방되길 바라며.

Point

내 눈에 지구가 어떻게 비치는지가 중요하다.

우리 아이는 사막에서 만난 어린 왕자

그리고 우리 아이는 '고작 100년의 지구여행을 즐기러 온 별의 어린 왕자'라고 생각하면 한없이 사랑스럽지 않을까?

'세상 사람들'을 따라 결혼이나 출산을 하지 않더라도 너의 지구여행을 즐기길 바란다는 말이 나오지 않는 걸까? 자녀가 '남들처럼 평범하게 행복하길 바라는' 마음도 이해되지만, 결혼이나 육아가 행복하지 않은 사람도 있다.

설령 자녀에게 '행복하지 않은 사태'가 벌어진다 해도 이 또한 그와 그녀가 선택한 메뉴다.

생각해 보라.

만약 '주인공은 유복한 가정에서 태어나 건강하고 예쁘고 똑똑했으며, 꿈꾸던 인생을 보내다 평온하게 눈을 감았습니다'라는 뮤지컬이 있다면 당신은 보러 가고 싶은가? 자칫하면 100년이나 살게 될 지구 놀이 기구에 파란만장함도 없고 극적이지도 않으면 너무 지루할 것이다.

─부모가 말하는 대로 살고, 에스컬레이터식으로 자동으로 명문대에 가고, 대기업에 들어가 '도시의 네모 상자'에서 65세까지 일하고, 어지간한 사람과 중매 결혼해서 아이 둘을 다 키우고 죽었습니다.

당신이라면 이 버튼을 누르겠는가?

우여곡절도 애달픔도 있지만, 그만큼의 사랑과 아름다움을 알게 되는 100년 여행이 있다면, 이쪽 버튼을 누르지 않을까?

당신의 지구여행도 자녀의 지구여행도 자기 자신의 뇌가 선택한 드라마다. 그저 박수 쳐 주고 지켜봐 주자. 나의 그것도, 자녀의 그것도.

Point

그저 박수 쳐 주고 지켜봐 주자.

손주 걱정은 더더욱 해서는 안 된다

작년에 첫 손주를 품에 안았을 때 나는 "환영한다, 지구에 온 걸"이라고 인사했다. 우리집 어린 왕자는 생텍쥐페리의 《어린 왕자》 삽화에 나온 어린 왕자와 진짜로 똑 닮았다(아기들은 생긴 게 거의 비슷하지만).

이 아이가 어떤 인생을 보내든 나는 최고의 '관객'이 되어주려고 한다. 인생의 어떤 장면이든 이 아이를 믿고 항상 박수 쳐 줄 것이다. 바로 이것이 조부모의 역할이라고 생각한다.

손주 걱정을 하는 할머니, 할아버지에게 부아가 치미는 아기 엄마들이 많다.

'들어가며'에서도 썼지만, "그 집 손주는 생후 10개월인데 벌써 걷더라. 요새 애들은 빨라… 근데 얘는 곧 한 살인데 괜찮은 거니?"는 딸이나 며느리에게 해서는 안 될 말이다. 걱정이라면 아기 엄마가 훨씬 더 하고 있을 것이다. 손톱만 한 발진에도 심각한 병일까 봐 걱정하는 게 엄마의 마음이니까. 이 상황에서 연장자가 해야 할 말은 "괜찮아, 괜찮을 거야"밖에 없다. 만약 걸음걸이가 정말로 이상하게 느껴지면 침착하게 말해주고 서둘러 병원에 갈 생각을 해야 한다.

근거도 대책도 없이 "별일 아니야~"라고 말하는 건 자신이 안심하고 싶어서다. 이런 말은 해서는 안 된다. 애당초 이런 사람은 아기가 일찍 걸음마를 뗄 때도 "충분히 기어 다니지 않으면 팔 힘이 약해진다던데, 괜찮은 거니?"라고 할 게 분명하다. 뭐든 걱정거리를 찾아내 거리낌 없이 말하는 사람들이다. 친척이나 친구들 사이에도 간혹 있지 않은가? 걱정한답시고 말한다지만, 불안만 키울 뿐 아무런 득도 없다.

사실 60대가 많이들 이런다. 제2장에서도 설명했다시피 60대가 알아차리기 고수라서 그렇다. 뇌가 알아차린 불안과 불만을 죄다 입 밖으로 꺼내면 상대는 불쾌감을 느끼고 불안해진다. 알아차렸어도 상대의 마음을 헤아려 어느 정도 말하지 않는 배려가 필요하다. 특히 자녀나 손주를 대할 때 60대가 꼭 갖춰야 할 매너다.

제**4**장

'늙음과 죽음을
신경 쓰는 마음'을
내려놓는다

• 이번 장에서는 '우리의 일생이 뇌 속에서 어떤 식으로 변해 가는지' 설명한다. 즉 '일생이 어떤 드라마인지' 살펴보겠다.

우리 뇌 속에는 명확한 드라마의 구조가 있어서 이 시나리오대로 나이를 먹는다. 이를 제대로 이해하고 나면 늙음도 죽음도 어느 하나 부정적이지 않게 된다.

60대에게 그들이 이미 겪어온 나이에 관해서도 자세히 설명한다. 내 주변의 젊은 사람들이 지금 어떤 단계를 살고 있는지 알고 나면 분명 그들의 모든 말과 행동이 사랑스러워질 것이다. 그리고 재인식한 자신의 인생도 사랑스럽게 보일 것이다.

그럼 이제 '일생이 어떤 드라마인지' 깊게 음미하시길.

뇌의 '유통기한'

뇌의 '유통기한'은 몇 살이라고 생각해요?

어느 날, 뇌생리학(腦生理學) 전문가에게 이런 질문을 받았다. 골똘히 생각하는 내게 그는 "28세요"라고 알려주었다. "뇌의 절정기는 28세까지예요. 30을 넘기면 노화가 시작돼요. 인간의 뇌는 의외로 유통기한이 짧아요"라고.

나는 납득이 가질 않았다. 100년 넘게 살 가능성이 있는 신체에 유통기한 28년짜리 뇌가 들어 있다니, 불균형이 심각하다. 나는 대학교에서 물리학을 전공했다. '인류'처럼 몇 만 년의 진화 끝에 있는 보편적인 존재에게 이런 불균형은 물리학 세계관에 크게 반한다. 그러나 실제로 뇌를 관찰해보면, 한 살 한 살 나이 들 때마다 젊었을 때만큼 뇌 구석구석을 재빠르게 사용하지 못한다. 인간의 생리는 물리학의 세계관에 반하는 건가? 하며 납득할 수밖에 없었다. 일단은 말이다.

뇌의 절정기는 56세부터 시작된다

　나는 인공지능 때문에 뇌를 연구하는 사람이라 뇌를 장치에 비유한다. 어떤 입력을 하면 어떤 뇌신경 신호가 흐르고, 어떤 연산을 실행하면 어떤 출력을 하는 장치인지….

　또는 어떤 기능 블록으로 구성되어 있고, 어떤 방식으로 제어되는 장치인지.

　사실 뇌의 유통기한을 이러한 관점에서 보면 답이 완전히 달라진다. 뇌가 완성되는 시기는 56세다. 뇌의 진가는 56세부터 시작된다.

　제3장 마지막에 60대는 알아차리기의 고수여서 알아차린 모든 걸 하나부터 열까지 다 말했다가는 함께 있는 사람이 불쾌감을 느끼거나 불안해진다고 설명했다.

　또 제2장에서는 60대의 뇌는 너무 많이 알아차려서 괴롭다고

했다. 그래서 이 힘듦을 회피하고자 '알아차린 것이 번뜩 떠오르고 사라지는' 현상이 시작된다고도 설명했다.

그렇다, 60대는 알아차리기의 고수다. 뇌의 전성기다. 정확하게 말하면 뇌는 56세에 일단 완성되고 63세 때까지 계속 성숙해진다. 63세부터 7년 동안은 세상 별의별 것들을 알아차리게 돼 인생에서 세상을 가장 즐기는 시기에 해당한다.

이번 장에서는 60대의 뇌가 얼마나 근사한지 이야기하려고 한다. 하지만 그에 앞서 뇌의 60년 여정을 살펴보겠다.

처음 28년은 입력장치

우리의 뇌를 장치에 비유하면 뇌는 28년마다 '장치로써의 성질'이 바뀐다.

처음 28년은 입력장치로써 두드러진 면모를 드러낸다. 세상을 있는 그대로 알아가는 28년이다. '세상'의 총체를 파악하고, '세상 사람들이 말하는 올바르게 살아가는 방식'이 무엇인지 알아가는 28년이다. 그리고 전반 14년은 감성 기억력의 전성기다. 그리고 후반 14년, 즉 15~28세까지는 단순 기억력의 절정기라고 불린다.

그렇다.

인생 최초의 28년은 '새로운 것이 가장 잘 외워지는 기간'이다. '새로운 것을 잘 외운다'를 '머리가 좋다'로 본다면 뇌의 유통기한이 28년이라고 생각할 수도 있다.

하지만 우리의 뇌는 이 우주에서 미래에도 과거에도 없을 유일한 장치다.

유전자와 경험으로 교묘하게 만들어진 장치니까. 우주의 탄생부터 종언에 걸친 방대한 시간과 공간에서 태어난 단 하나의 장치가 '평범한 인생'만 알게 되어도 괜찮은가?

그 뇌에서밖에 볼 수 없는 것을 보고, 느낄 수 없는 것을 느끼고, 그 뇌에서밖에 해낼 수 없는 무언가를 이루어내는 것이다. 남들이 인정하든 말든 일절 상관없이 내가 납득한 것이다. 이것이 '이 우주에 있는 단 하나의 장치'에게 주어진 사명 아닐까?

그렇다면 입력 성능이 아니라 출력 성능이 최대치가 되는 시기가 뇌의 절정기 아닐까? 그게 바로 56세부터 시작되는 28년간이다.

Point
우리의 뇌는 이 우주에서 미래에도 과거에도 없을 유일한 장치다.

제4장 '늙음과 죽음을 신경 쓰는 마음'을 내려놓는다

감성 기억력의 시대

간략하게 뇌의 일생을 복습해 보자. 지나온 세월을 떠올리는 동시에 현재 그 나이를 살고 있는 자녀나 손주의 기분을 헤아리며 읽길 바란다.

12세까지의 뇌는 체험을 통해 오감에서 얻은 감성 기억(냄새, 소리, 색, 형태, 맛, 촉감, 분위기 등)이 더해져 아주 세세한 부분까지 기억한다. 그래서 12세까지의 기억이 갑자기 떠오를 때 냄새나 맛도 생생하게 기억난다.

초등학생 시절, 낮잠을 자다 소나기가 내리는 느낌이 나 눈을 뜬 적이 있다. 툇마루에 섰는데 햇볕에 바싹 말라 있던 돌에 빗방울이 떨어져 독특하고 향기로운 냄새가 올라왔다. 60이 된 지금도 빗소리에 눈을 뜨면 그날의 돌이 떠오르고 그때 맡았던 냄새도 선연하게 되살아난다. 마치 지금 눈앞에 돌이 있는 것처럼 말이다.

한 에세이스트는 '초등학교 5학년 때 옆집 아저씨의 신차 커롤러를 타고 드라이브했던 날을 떠올리면 그 시절의 새 차 냄새와 입에 있던 후지야 노스 카롤리나 캔디 맛이 선명하게 떠오른다'는 글을 썼다.

12세까지의 기억은 어마 무시하다.

인공지능 시대의 육아법

이러한 감성 기억이 평생의 감성=센스에 관여한다. 12세까지는 오감을 동반한 '우연한 체험'이 뇌에 그 무엇보다 중요한 이유가 된다.

그렇다면 '외우기 위한 기호론적인 공부'는 나중에 해도 되지 않을까? 15세 이후에 시작되는 단순 기억력 기간이 바로 이때를 위해 있지 않은가.

나는 아들이 이 시기일 때 '숙제보다 방과 후 놀이'를 더 중시해서 초등학교 선생께 '숙제를 잘하지 않는다'며 둘 다 자주 혼났다. 선생께 면목도 없고 예상대로 입시 성적도 썩 좋진 않았지만, 31세가 된 아들의 뇌에 나는 아무 불만도 없다.

게다가 인공지능 시대에 인간의 직업은 감성의 영역으로 집약된다. 지금의 아이들이 어른이 될 무렵이면, '누구나 납득하는 정답을 누구보다 빠르게 도출'한 '과거 엘리트'의 직업은 모두 인공지능이 가져가게 된다.

인공지능에게 생명의 직감(=느끼는 것)을 알려주는 일이 인류의 주된 직업이 될 것이다.

그렇다면 이 아이들의 초등학교 시절에는 '정답을 도출하는 작업(시험)'은 조금 느슨해지고 '우연한 경험'을 많이 할 수 있는 배움의 장소를 선택해야 한다. 이 '우연한 체험'이란 교육을 제공하는 측이 인위적으로 연출하는 '근사한 이벤트'가 아니다. 교실이나 학교 잔디밭 구석에서 아주 잠깐 만난 잎사귀 내음이나 살결에 닿는 바람의 촉감 등 '오감이 울리는 세계관의 단편' 같은 장소가 이상적이다.

그러니 초등학생 손주가 있다면 하고 싶은 대로 자유롭게 놀게 해주자.

인공지능 시대로 들어선 오늘날, 통찰력 있는 60대가 '입시'를 강조할 필요는 없다고 생각한다.

다만 아이 엄마가 교육열이 넘치고 '입시'에 올인하고 있다면 참견하지 말도록 하자. 초등학교 입시 또는 중학교 입시에 필사적인 부모의 마음은 '목숨을 건 인생철학'과 같아서 옆에서 무슨 말을 해도 들리지 않는 경우가 많다. 그리고 남들의 조언에 입시를 포기한다면, 앞으로 아이에게 일어나는 부정적인 사건의 원인을 전부 '입시'를 놓은 탓으로 돌리다 정신이 힘들어질 수도 있다. 그런 엄마에게서 태어난 건 손주의 운명이고, 할머니나 할아버지라 해도 구해낼 수 없다.

조부모는 간간이 손주를 데리고 나와 그냥 내버려 둬도 좋지 않을까?

그 느긋한 시간에 '우연한 체험'이 일어나면 틀림없이 감성이 자란다. '우연한 체험'은 짧은 시간에도 일어나니 어쩌다 한 번씩 손주를 빼내도 괜찮다.

아 참. 아이 엄마는 '입시'를 원하지만 아빠는 반대하고, 손주가 남자아이인 경우에 한해서 조부모가 조언할 수 있는 방법이 있다.

아이 아빠를 통해 엄마에게 이렇게 말하라고 해보자.

"남자아이는 학교 수업이 끝난 뒤나 여름방학에 친구들과 어울리면서 어른이 돼. 작은 모험을 하거나, 여자아이의 수수께끼를 이야기하면서 말이야. 남자애는 여자애들과 달라서 약속 시간을 정해 놓고 만나지 않아. 그래서 어쩌다 보니 같이 노는 동네 친구가 생기지. 학교 끝나고 집에 따로 가거나, 여름방학에 반 친구들을 만날 수 없는 사립에 보내는 건 내 마음이 좋지 않아. 동네에 있는 공립도 생각해 보지 않을래? 아이에게 동네 친구를 만들어주자.”

로브 라이너 감독의 영화 〈스탠 바이 미〉(1986)나 소설《여름의 정원》을 참고해도 좋다. 두 작품 모두 소년들이 '어른이 되어가는 여름'을 그린 빼어난 스토리다.

이건 궤변이 아니다. '어쩌다 보니 같이 노는 친구'는 남성의 뇌가 성장하는 데 중요한 기본 요소다. 아들에게 머지않아 움트게 될 남자의 마음에 대해 아빠가 진지하게 말하면 엄마도 마음이 움직인다.

이 조언이 성공한 사례가 여럿 있다. 이 조건에 해당되면 꼭 시험해 보길 바란다.

물론 12세까지의 '입시'가 전부 나쁘다는 말은 아니다. 부모와 자녀의 의견이 일치하고, 자녀도 의욕을 보이고 재미있어하면 반대할 이유가 없다.

입시 기간에는 크고 작은 스트레스를 받을지라도, 입시가 끝나고 장기적으로 아이가 자신에게 맞는 배움의 장소에서 자유롭게 공부할 수 있다면 참 멋지지 않은가.

다만 21세기는 20세기만큼 고학력이 필수인 시대가 아니다. '입시'는 즐기면 되고 하기 싫으면 그만둬도 된다. 이미 입학했어도 '정답을 도출하는 작업(숙제나 시험)'으로 너무 바빠진다는 생각이 들면 그만둬도 된다. 일종의 놀이 감각처럼 가족들에게 여유가 있었으면 한다.

뇌가 전성기에 있고 세상을 저만치 내다볼 수 있는 60대가 이 여유를 담당하면 좋겠다고 생각해 본다.

Point

우연한 체험이 뇌에 그 무엇보다 중요하다.

어른은 모른다

감성 정보를 충분히 받아들인 뇌도 언제까지나 아이의 뇌로 있을 수는 없다. 감성 정보가 더해진 기억은 용량이 커서 뇌세포 수가 아무리 많아도 결국 부족해진다.

또, 기억의 한 단위가 큰 덩어리이기 때문에 검색이 잘되지 않고 뇌의 판단 속도도 느리다.

이런 이유로, 기억 저장 효율이 좋고 검색 속도가 빠른 어른의 뇌로 바뀌어 간다. 15세 생일 즈음에 완성되는 어른의 뇌는 새로운 체험을 할 때 순간적으로 '과거의 유사한 체험'을 꺼내 차이값을 알아내고 이 차이값만 요령껏 기억해 둔다. 이 방식대로면 저장 효율이 높아지고 '유사값'과 '차이값'의 트리 구조가 완성돼 검색 효율이 월등히 좋아진다.

그 대신 감성 정보는 깔끔하게 떨어져 나간다. '아, 이거 그거지?'처럼 '짐작의 틀'에 빠져 싹둑 잘라내고 인식하기 때문이다.

쿠키 생지를 틀로 찍어낼 때와 같다. 완성된 '기억' 자체는 관리도, 검색도 쉽다. 깔끔한 모양이지만 실은 틀 밖으로 튀어나온 생지를 떼서 버린다. 그래서 14세의 눈에 '어른은 비겁하고 아무것도 모르는 것'처럼 보인다.

14세는 감성 모델이 거의 완성됐지만, 아직 '쿠키 생지에서 떼어낸 편린(片鱗)이 보이는 뇌'다. 이들의 입장에서 어른의 일방적인 단정은 소중한 것을 단칼에 잘라내는 감각이라 견디기 힘들어한다.

아이들에게 소중한 것을 깔보거나 친한 친구를 비난하면 트러블이 일어난다. 이때 아이들이 '어른들은 아무것도 모른다'라고 말하면 어른들은 보통 코웃음을 친다.

"네가 뭘 알겠니"라고.

하지만 이 말은 틀렸다.

어른들이야말로 정말로 모르고 있다. 14세의 눈에 보이는 것들이 생식기가 한창인 어른들에게는 보이지 않는다.

나는 이 세상의 모든 14세에게 경의를 표한다. 그리고 이 나이에 봤던 것을 나는 지금도 소중히 여기고 있다.

14세의 나와 다시 만나자

14세는 감성의 완성기이므로 사람은 14세 때의 감성으로 평생을 살아간다고 해도 무방하다.

14세 때 만난(뇌리에 박힌) 음악, 말, 예술, 선망의 대상은 일평생 뇌에 활기를 불어넣는다.

아티스트나 뮤지션에게 '열네 살에 무엇과 만났나요?'라고 질문하면 그 사람의 뿌리를 알 수 있다고 하니 '14세의 만남'을 우습게 볼 수 없다.

록밴드 더 하이로우즈(THE HIGH-LOWS)의 '열네 살(十四才)'이라는 곡에 이런 가사가 있다.

그날 나의 레코드 플레이어는 약간 으스대며 이런 말을 했지. 언제든 어떤 때든 전원을 켜봐, 그때마다 반드시 널 열네 살로 만들어 주겠어 (작사: 고모토 히로토)

14세의 뇌가 어떤지 알고 있는 내게 이 가사는 황홀했다. 이 곡은 열네 살의 히로토가 (아마도) 록에 심장을 저격당한 순간이 실감 나게 묘사돼 내 마음도 아려온다. 나도 록을 만난 순간 심장을 저격당했으니까. 열네 살이 조금 지나서였지만…. 이랬던 히로토도 이틀 전(2023년 3월 17일)에 환갑을 맞았다고 한다. 그는 지금도 그 시절 그대로일 것이다. 록의 비트 속에 있을 때는….

당신도 부디 열네 살의 자신과 만나길 바란다. 60대 이후로 마음을 움직이게 하는 일이 없다면 그 시절 내 마음을 떨리게 한 것과 다시 만나보자.

15세, 어른의 뇌로 바뀌면서 우리는 생태계의 거대한 경쟁에 무자비하게 휘말렸다. 먹고살기 위한 싸움, 더 좋은 생식을 위한 싸움. 세포를 노화시키는 산소로 가득한 지구에서 태어나 생식으로 생명을 이어가는 숙명을 짊어진 생물의 일원으로서 피할 수 없는 싸움이었다. 더 아름답게, 더 강하게, 더 지혜롭게….

그 누구보다 올바르고, 그 누구보다 중요한 사람이 되고 싶어 마음을 졸이면서….

하지만 지금 이 굴레에서 해방돼 자신의 인생을 살아갈 전환점이 왔다. 싸움에 끌려가기 전의 14세의 뇌로 돌아가도 된다. 돌아갈 수 있다. 아름다운 것, 설레는 것 그리고 심장이 저격당한 그것에 심취한 그 날로 말이다.

그날, 당신은 무엇에 마음을 빼앗겼는가?

나는 비틀즈와 댄스를 만났다. 그리고 라디오다. 우리 세대는 중학생 때 모두 라디오 심야방송의 세례를 받았다. 자정이 넘으면 텔레비전 방송은 전부 끝나 모래폭풍 같은 화면으로 바뀌었다. 휴대전화도 인터넷도 없는 시대, 젊은이들은 세상에 혼자가 된 느낌을 받았다.

그 시간에 라디오를 켜면 매력적인 진행자들이 청취자의 사연에 몰입하고 인생에 대해 들려주었다. 그 라디오 세계에 예순이 넘어 몸담을 거라고는 상상도 못했다.

2022년 10월부터 NHK 라디오 제1방송의 아침 정보방송에서 금요 진행자로 3시간 20분짜리 생방송을 맡고 있다. 라디오의 매력은 50년 전과 달라진 게 없었다. 청취자와 하나가 돼 '지금'이라는 시간을 만끽하고 있다. 시시각각 SNS로 사연이 날아온다는 점은 다르다. 예전보다 일체감이 더 강해졌다.

나는 '14세에 내 마음을 떨리게 했던 것'과 다시 만났고, 이제는 그 진행자가 되어 매주가 황홀하다. 넘치도록 행복하다. 깊이 감사한다.

Point

열네 살 때의 감성으로 평생을 살아간다.

15세, 어른의 뇌 완성

자, 이야기를 이어나가자.

15세, 어른의 뇌가 완성되고 14년 동안 단순 기억력이 가장 좋아지는 시기가 시작된다. 단순 기억력이란 비교적 큰 데이터를 비교적 오래 유지하는 힘이다. '단순'이라는 이름이 붙었지만, 실제로 완성되는 지식은 그리 단순하지 않다. 큰 데이터를 여러 개 나열해서 유지할 수 있어서, 이들을 통합한 뒤 추상화된 메타 데이터를 자유자재로 생성할 수도 있다. 덕분에 '센스'나 '발상력'도 얻을 수 있다.

입시 공부는 물론 스포츠, 예술, 기술에 파고들고 학문을 깊이 연구한다. 또 선배의 등 너머로 일하는 요령을 익히는 등 일반적으로 '머리를 쓰는' 모든 행위를 잘하게 되는 시기다.

이 단순 기억력의 최고조는 28세에 끝나기 때문에 뇌생리학 교수는 이때 '뇌의 전성기가 끝났다'고 생각한 것이다.

무아지경이라 방향 감각이 사라진다

 15세부터 28세의 뇌는 무아지경으로 세상을 알아간다. 죽어라 배우고, 일하고, 놀고 싶은 시기다. 20대 중반의 나는 밤새워 일할 때조차 '축제 전날 밤'처럼 즐거워했다. 다만 어디로 향하고 있는지 알 수 없을 때가 한 번씩 있었다.

하루는 회사에서 "선배, 이 시스템(인공지능)을 만들면 사람은 행복해져요?"라고 물은 적이 있다.

"사람들을 행복하게 해주고 싶어?"라고 되묻기에 "그런 건 아닌데요, 여기에 제 인생을 바친다고 생각하니까 잘 모르겠어서요"라고 대답한 기억이 있다.

아마 내 감정도 모르겠고, 이렇게 살아도 되는지 알 수 없어 '인류의 미래를 위해 꼭 필요하다' '생명을 구한다'는 말을 들으면 방황이 끝날 것이라 생각했다.

선배는 "그만 투덜대고 납기일 지켜. 인생의 사명이 뭔지 고민하기 전에 엔지니어의 사명이 먼저다"라고 말해주었다. 나중에 깨달았는데, '그만 투덜대라'는 말만큼 뇌과학적으로 정확한 대답은 없었다.

Point

사명(使命)을 알면 고민하는 숙제가 풀린다.

그만 투덜대고 달려라

28세까지의 뇌는 입력장치로써 우세하기 때문에 의외로 출력 성능이 낮다. 운동신경과 예술 감각처럼 타고난 개성은 제외하고, 경험치로 얻은 사고(思考)의 개성이 아직 눈에 띄지 않을 때라 자신이 어떤 사람인지 아직 모른다.

이해 속도는 빨라지는 반면, '이 길로 나아가도 내 인생 괜찮을까?'라고 자문자답해도 답이 나오지 않는다. 이것이 28세까지의 뇌의 특성이다.

이 명제에 대한 답은 스스로 찾을 수밖에 없다. 하지만 28세가 될 때까지는 우리가 납득할 만한 형태의 답을 뇌가 내놓지 않는다. 타고난 재능으로 힘차게 달려나가는 일부 젊은이들을 제외하면 말이다.

그래서 28세 이하의 젊은이들의 '지금 하는 일이 나와 맞는지 모르겠다' '이거 말고 해야 할 일이 있는지도 모른다'라는 의심과 망설임을 나는 대수롭지 않게 대한다.

"너의 뇌는 네가 어떤 사람인지 아직 몰라. 지금은 그만 투덜 대고 호기심이 생기거나 선배가 시킨 일을 죽기 살기로 하면 돼. 28세까지의 뇌는 무아지경으로 입력하는 엔진이야. 매초 무언 가를 얻을 수 있는데, 자아 찾겠다고 갈팡질팡하는 시간이 너무 아까워. 여하튼 뭐든지 넣어놔. 그럼 뇌가 확신을 내놓을 거야. 아마 서른 넘어서겠지만."

그래서 28세 이하의 젊은이에게 '어떤 어른이 되고 싶어?'라 고 묻거나 '자신의 이상적인 모습'을 상상해 보라는 건 난센스 다. 여기에 신경을 쓰면 쓸수록 뇌는 안개 속으로 들어간다. 망 설이느라 입력장치로써의 성능을 다 끌어내지 못하고 28세를 맞이한다.

'그만 투덜대고 달려라!'가 정답이다.

Point

28세 이하의 젊은이에게 미래를 묻는 것은 난센스다.

제4장 '늙음과 죽음을 신경 쓰는 마음'을 내려놓는다

사회적 자아가 생기는 시점

　28세. 뇌는 그 뇌가 살고 있는 세상의 좌우(左右)도, 상하(上下)도, 앞뒤까지 알게 된다. 아니, 사실은 이와 반대로 28세까지 얻은 정보들로 세계관을 구축한다. 이전까지 얻은 지식 아이템을 사용해 세상의 좌우, 상하, 앞뒤를 정한다.

　28세가 넘으면 뇌는 무아지경에서 빠져나와 열기가 빠지고 주변이 보이기 시작한다. 세계관이 구축되는 경우도 있어서 '세상은 이런 거구나' 하는 감각이 생기고 자신의 위치도 눈에 들어온다. 바로 사회적 자아가 생긴 것이다.

　공자는 '서른에 홀로 섰다'고 했다. '나는 열다섯에 학문에 뜻을 두고, 서른에 홀로 섰다'라고 말하며, '단순 기억력 절정기의 입구(15세)에 학문에 정진하기 시작했고, 30세에 사회적 자아가 생겼다'라고 한다. 적어도 2600년 전부터 뇌는 지금과 같은 시간 스케줄로 살아왔구나, 하는 생각이 들자 왜인지 마음이 저려왔다.

서른의 영감

서른 전후는 뇌가 영감을 받기 쉬운 때다. 이 영감이 이후의 인생에 큰 영향을 미친다.

이를 깨닫는 건 훨씬 나중이지만….

서른의 어느 날, 별안간 나는 심한 초조함에 사로잡혔다. 인공지능이 결코 얻을 수 없는 것, 생명이다. 인공지능 연구자로서 그 진실을 지나쳐서는 안 된다는 생각이 들었다. 동시에 내 배 속에서 생명이 자라나는 감각을 체험해 보고 싶어졌다. 그렇다, 아이를 낳겠다고 돌연 결심한 것이다.

기업 엔지니어였던 내게 출산휴가를 쓸 기회는 최대 두 번뿐이었다. 엔지니어로서 자리를 잡고 관리직에 오르기 직전이나, 관리직에 오르고 부하 직원이 리더가 된 다음. 나이로 치면 서른 전후나 마흔 전후다. 첫 번째 기회가 가까워지고 있었다.

그러다 아들이 생겼다.

그날의 초조함은 옳았다. 아들이 생기고 나는 인간의 뇌의 신비와 만났다. 인공지능은 아무리 해도 발끝에 닿을 수 없다. 끝없는 잠재 능력 그리고 생명의 반짝임…!

인류뿐 아니라 생명이 있는 모든 생물의 경이로움에 눈을 뜬 나는 인간에 가까운 인공지능을 개발하기 위해 '사람의 뇌'를 연구하기 시작했다.

서른 전후 인생의 갈림길. 내가 선택하였든 저 너머에서 왔든 (뇌과학적으로는 저 너머에서 온 것처럼 보이는 것도 자신의 뇌가 능동적으로 관련 있을 가능성이 높다), 분명 많은 이들이 짚이는 구석이 있을 것이다.

그 영감이 적어도 지금 당신의 일부를 만들고 있다. 이를 떠올리며 서른의 자기 자신을 인정해 주자. 참 잘했다고.

Point

서른 전후는 인생의 갈림길이다.

유일무이한 지구여행

이 책을 집필하면서 신기하게도 인생을 복습하는 기분이다. 그러다 유일무이한 '지구여행'을 하고 있음을 새삼 깨달았다.

내가 보고 느낀 것으로 내가 이루어졌다. 내가 쌓은 실패와 고통과 슬픔으로 나는 이루어져 있다. 세상의 평가가 어떻든 나는 내가 편하다.

60이 넘고 내 마음에 완두콩 껍질 안쪽처럼 가늘고 하얀 털이 난 기분이 든다. 모든 고통과 슬픔이 포근하게 내려앉은 느낌이다. 남들의 비판이나 비아냥도 포근하게…. 택시 운전기사가 길을 잘못 들렀을 때도 포근…. 손주가 이불에 물병을 쏟았을 때도 포근…. 이 마음의 상태는 좋다.

아주 마음에 든다.

당신의 뇌에도 같은 마음이 내려앉았으면 좋겠다.

이 책을 읽으면서 나와 함께 인생을 복습하고 이 우주에서 단 하나의 드라마를 살고 있음을 사랑스럽게 여기길 바란다. 그리고 이번을 계기로 마음에 완두콩 같은 털이 나길…. 지금까지 욱하거나 열받았던 일들이 포근하게 내려앉고 웃음이 피식 나온다. 아무튼 사는 게 몹시 편해지니까.

Point

내가 쌓은 실패와 고통과 슬픔으로 나는 이루어진다.

망설임과 흔들림의 30대

자, 인생의 복습은 계속된다.

28세, 이 세상 전부를 얻은 뇌가(정확하게는 28세까지 얻은 지식 아이템으로 세상을 정립한 거지만) 최강인지 묻는다면 꼭 그렇지도 않다.

무수히 많은 정보가 뇌 안으로 들어오지만, 뇌의 신경 회로에 우선순위가 없어 정답을 판단하기가 어렵다.

장기 프로기사 요네나가 구니오 씨는 "20, 30대에는 몇백 수 앞까지 읽었다. 50대가 되니 도무지 내다볼 수 없다. 그런데 어째서인지 50대 때가 더 강하다"라고 말했다.

"젊을 땐 몇백 수 앞까지 읽었지만, 어떤 수를 써야 이길 수 있을지는 머리를 쥐어 싸매도 모를 때가 있다. 그런데 50대에는 이기는 수만 보인다."

30대는 몇백 수 앞까지 읽는데, 이기는 수가 보이지 않는다. 이 말은 모든 30대의 뇌에 해당되는 말이다.

최대한 많은 정답 후보지가 뇌에 떠오르지만, 직감으로 정답을 고르지 못한다. 선택에 망설이고 납득이 가지 않아 선택한 후에도 흔들린다.

뇌는 '재빠르게 선택하는 장치'이자, '납득이 가는 선택'이 임무이기 때문에 이처럼 선택 만족도가 낮은 상태를 무척 고통스러워한다.

Point

인생의 복습은 계속된다.
삼십 대는 선택에 망설이고 납득이 가지 않아 선택한 후에도 흔들린다.

30대는 결혼이 어렵다

20대의 '보이는 것이 적고 무아지경의 뇌'라면 망설이지 않고 결혼을 결심하지만, 30대에 진입하면 결심이 어려워진다. 아무래도 '몇백 수나 앞'을 읽을 수 있는 뇌니까. 부정적인 앞날을 상상하거나, 일과의 균형을 재거나, 더 좋은 사람이 나타날 것 같아 좀처럼 결심하지 못한다.

뇌가 선택을 망설이는 시기에 진입했기 때문에 20대 때처럼 연인에게 확신이 들지 않는다. 상대의 수준이 문제가 아니다. 자신의 뇌가 둔해졌을 뿐인데 뇌의 소유자는 '이 사람 애매해. 운명의 상대는 분명 다른 데 있어'라고 느낀다.

경력을 중시하는 30대 여성이면, 일이 재밌어지는 동시에 책임감도 무거워지는 시기다. 게다가 '만나는 사람마다 애매하게' 느껴지니 결혼이 가능할 리 없다.

20대에 좋은 상대가 있으면 당장 결혼하는 게 좋다.

결혼도 아이도 필수는 아니지만, 어차피 할 생각이면 20대에 하길 권한다.

따라서 부모가 결혼에 참견해도 되는 순간은 오직 '연인이 있는 20대 자녀'에 한해서다. "결혼 생각이 있으면 돈을 모은 다음이나 일이 어느 정도 일단락되면 하겠다고 생각 말고 당장 하는 게 좋다. 사랑에는 유통기한이 있는 데다, 30대가 되면 결심을 어려워하는 뇌로 바뀌니까. 나중 돼서 그때 그 사람이랑 결혼할 걸 후회할 가능성이 크니까"라고 말해주자.

나는 아들의 인생에 참견한 적이 별로 없지만(공부하라고 한 기억도 없다), 20대 중반에 처음 여자친구를 소개받은 후로 결혼 딱 하나만 보챘다. "프러포즈 아직이니?" "이 반지 주고 싶은데. 딸이 없으니까 물려줄 사람이 없잖니. 이왕이면 결혼반지로

쓸래?"처럼 말이다. 그래도 아들이 스물여덟을 넘기면 일절 참견하지 않으려고 했다.

30대에 진입한 자녀에게는 결혼 이야기를 해서는 안 된다. 결혼하기 어려운 뇌가 된 이상, 부모에게 잔소리를 들으면 문제 해결형 회로를 쓰느라 '느끼는 회로'가 작동하지 않아 결혼 상대를 더욱 찾지 못한다.

게다가 30대의 결심은 실패 확률도 높다. '뇌가 일부러 실패하는 길을 선택하려는' 경향이 있기 때문이다. 그래도 30대에는 과감하게 살아야 하지 않을까?

Point
- # 20대에 좋은 상대가 있으면 당장 결혼하라.
- # 30대의 결심은 실패 확률이 높다.

제4장 '늙음과 죽음을 신경 쓰는 마음'을 내려놓는다

뇌는 실패하고 싶어 한다

30대는 실패 적령기다.

망설이는 뇌를 '직감이 작동하고 납득하는 뇌'로 만들려면 무수한 실패가 꼭 필요하기 때문이다.

사실 실패는 뇌에 최고의 운동이다. 실패로 아픔을 겪으면, 잠자는 동안 뇌는 실패에 쓰인 연관 회로에 신경 신호가 흘러가지 않도록 손을 쓴다. 즉 실패하면 해당 연관 회로의 '우선순위가 단숨에' 떨어지는 이유다.

실패가 거듭되면 뇌에는 '신경 신호가 단숨에 가기 어려운 곳'이 늘어나 '눈에 들어오는 여분의 정보'가 적어진다.

이렇게 되면, 어떤 결심을 했을 때의 정답률도 올라가고 '납득하는' 감각도 늘어난다.

실패하지 않으면 직감도 작동하지 않아 헤매고 망설이는 인생을 걷게 된다. 게다가 '눈에 들어오는 정보'가 쓸데없이 많아서 뇌에 열이 올라 참기 힘든 만큼 괴로워진다.

하지만 걱정할 필요가 없다.

뇌는 착실히 실패한다.

옆에서 보면, 30대의 뇌는 선택지 중 실패의 냄새가 나는 쪽을 선택하는 것 같다.

30대는 뇌가 원해서 실패하고, 아픔을 겪으면서 뇌의 우선순위를 정하는 시기라고 생각한다. 특히 35세까지는 망설임과 아픔의 경험이 심하게 교착된다. 30대는 힘든 시기였다고 기억하는 사람이 많지 않은가?

Point
실패는 뇌에 최고의 운동이다.
실패하지 않으면 직감도 작동이 멈춘다.

제4장 '늙음과 죽음을 신경 쓰는 마음'을 내려놓는다

실패를 받아들이고 쉬다가는 나무가 된다

나는 30대에 사업에 크게 실패했다. 처음 사업에 실패하고 간신히 재기해 43세에 분수에 맞는 작은 회사를 세웠다. 이 두 번째 사업을 엄마와 시어머니가 도와주었다. 그 회사가 올해 20주년을 맞았다.

30대의 파란만장함은 부모도 멈출 수 없다.

말해도 소용없고 들을 리도 없다. 설령 그 말을 듣고 실패를 미연에 방지했다 해도 자녀의 인생에 좋았는지 어떤지는 미심쩍다. 뇌가 실패하려는 걸 막았다면 중요한 '직감'을 하나 놓쳤을 수도 있다. 잘되라고 한 일이 미래의 큰 성공을 작게 만들었을 수도 있다.

우리 아들은 올해 32세다.

한창 실패 적령기이어서 까다로운 구석은 많아도 전반적으로 보면 꽤 착실하게 내 회사를 경영하고 있다. 웬일인가 싶다. 앞으로 또 어떤 일이 또 일어날는지? 어떤 일이 일어나든 나는 받아들이고 응원할 생각이다. 나의 파란만장한 30대를 함께해 준 어린 아들에게 속죄도 해야 하니.

신통하게도 사람의 뇌는 플러스와 마이너스 감성의 변동 폭이 같다. 즉 뇌가 대담한 선택을 내리는 30대에는 아픔을 겪는 만큼 감동도 크다.

일의 로망, 모험의 로망, 육아의 감동에서 오는 긴박감이랄까, 제트코스터 탔을 때처럼 박진감이 굉장하다.

힘겨운 10년이지만 인생에서 30대를 빼면 시시하다.

아들과 며느리가 앞으로 이 길을 걸어갈 상상을 하면 왜인지 벅차오른다.

내 자녀뿐 아니라 젊은 사람들의 도전을 지켜보고(60대의 눈에는 대부분 실패할 게 보이지만) 아픈 날개가 쉬다 갈 수 있는 나무가 되어주는 것이다. 이것이 우리의 사명이라고 생각한다. 무심결에 아들의 실패를 질책하려는 나를 다스리기 위해 여기에 쓴다.

실패의 3조항

실패는 뇌의 중요한 운동이라고 했다. 실패하지 않으면 직감은 작동하지 않고, 센스는 나빠지고, 배려할 줄 모르고, 그릇도 작아져 좋을 게 하나도 없다. 그러나 걱정할 필요 없다. 실패하지 않는 사람은 어디에도 없다. 그런데 모처럼 실패했는데 뇌에 실패가 반영되지 않는 안타까운 경우가 있다.

그래서 실패를 확실하게 뇌의 진화로 연결시키는 3조항을 소개하고자 한다.

❶ 실패를 다른 사람 탓으로 돌리지 않는다

❷ 과거의 실패에 연연하지 않는다

❸ 미래의 실패에 불평하지 않는다

참고로 30대는 실패 적령기라고 했지만, 사실 실패로 인한 진화 횟수는 성장기에 두드러진다.

아기는 넘어지기에 걸을 수 있고, 연애도 차여봐야 성공률이 올라가는 법이다. 그리고 뇌는 죽을 때까지 실패를 배우므로 실패의 3조항은 나이에 상관없이 지켰으면 한다.

제4장 '늙음과 죽음을 신경 쓰는 마음'을 내려놓는다

제1조 실패를 다른 사람 탓으로 돌리지 않는다

실패를 다른 사람의 탓으로 돌리면 뇌가 실패 모드로 바뀌지 않는다. 그래서 잠을 자는 동안에도 아무 일이 일어나지 않는다. 전혀 반성하지 않을 때도 마찬가지다.

실패를 말끔히 인정하고 마음 아파하는 것(뇌에 약간의 충격 전류가 흐르는 것)이다.

뇌의 진화에 반드시 필요하다.

자신의 실패를 다른 사람의 탓으로 돌리기엔 너무도 아깝다. 사회적으로 아픔을 겪었는데 뇌가 진화하지 않으면 실패한 보람이 없지 않은가? 실패는 깔끔하게 인정하고 마음 아파하자.

다만 계속 부정적인 기분일 필요는 없다. 한 번 제대로 마음 아프고 나면 뇌에 실패 플래그(실패했다는 마크)가 생긴다. 이걸로 한시름 놓을 수 있다.

약속이라도 한 듯 잠든 동안에 진화할 테니까.

그러니 모두 내려놓고 잠들면 된다. 실패한 일을 잊고 있어도

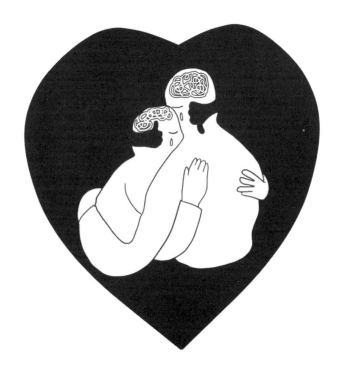

제4장 '늙음과 죽음을 신경 쓰는 마음'을 내려놓는다

된다. 설령 떠오른다 해도 '오늘 한 건 했네. 그래도 내일 아침에는 뇌가 좋아지니까 설레어'라고 생각하면 된다.

다른 사람의 실패를 가로챈다

나는 다른 사람의 실패도 가로채고 있다. 내가 아닌 누군가의 온전한 실패여도 '내게도 할 수 있는 일이 있었을 거야. 그렇게 해야 했는데…. 아냐, 이렇게 하는 게 좋았을까?'라며 마음을 아파한다.

그러면 내가 그 입장이 되었을 때 위험을 회피하고자 이 회로가 작동한다. 그래서 상사의 실패에도 적극적으로 나의 실패처럼 마음 아파했고, 부하의 실패도, 가족의 실패도 이런 식으로 마음 아파했다.

나는 나 자신을 위해 이런 방법을 쓴 건데 평판이 엄청나게 좋아진다. 보고서에서 중요 부분을 놓친 상사에게 "저도 포스트잇을 붙여서 드렸어야 했어요. 부장님은 산더미처럼 많은 서류를 처리하고 계시니까요"라고 말하면, 주변에서 '일 잘하는 사람'이라고 하거나 다음번에 어떤 제안을 할 때 진지하게 귀 기울여준다.

젊은 사람에게 출세 비법을 전수한다

다른 사람의 실패도 가로채라. '내게도 할 수 있는 일이 있었을 거야'라고 마음을 아파하고 "저도 그렇게 해야 했는데 말이에요"라고 실제로 말하기.

이 방법을 자녀나 손주 또는 부하 직원에게 알려주면 그들은 반드시 출세할 것이다. 그렇다면 본보기를 보여줘야 한다. 60대는 일상에서 이 방법을 써보자. 자녀, 손주, 부하 직원이 실패했을 때 "아, 그거 그렇게 해버렸군요. 제가 사전에 알아차렸어야 했는데"라고 말을 걸어보면 어떨까?

그리고 이 말에는 큰 효과가 뒤따라온다. 실패에 다정히 공감해 주고 책임을 나누려는 이를 사람들은 결코 소홀히 여기지 않는다. 나이가 몇이든 젊은 사람들과 어울리는 인생이 된다.

그건 무척 근사한 일이다.

제2조 과거의 실패에 연연하지 않는다

실패를 한 저녁, 뇌는 실패에 쓰인 연관 회로의 역치(반응을 일으키는 한계치)를 올려 신호가 흘러가도록 조작한다. 즉 실패한 다음 날에는 실패 회로에 신호가 잘 흐르지 않게 된다.

애써 신호가 잘 가지 않도록 해놓았는데, 이튿날에도 끙끙 앓고 있으면 어떻게 될까? 뇌는 기억을 떠올리면 그곳에 신호를 흐르게 하고 기억을 새롭게 인지한다. 그 결과, 신호가 잘 흐르게 된다. 그렇다, 실패에 연연해 하면 실패하기 쉬운 회로가 된다는 이야기다.

골프 연습을 할 때 '그때 이쪽으로 중심축이 흔들렸지, 조심해야지'라고 반성을 하면, 뇌는 이때 쓰인 신경 회로에 정성스럽게 신호를 흘려보내고 만다. 뇌는 신체의 움직임을 상기만 해도, 신체를 움직일 때 쓰이는 뇌신경 회로에 일단 전기가 통해서 그렇다. 손발을 움직이는 드라이브와 연결시키지 않고서도 말이다. 그래서 이다음에 골프채를 휘두르면 대개는 반성한 그대로 중심축이 흔들리고 만다.

일하다 실패했을 때 약간만 생각을 틀어 위험을 분산하는 건 좋으나, 곱씹으면서 반성하는 건 위험하다. 안 그러면 직감이 작동하지 않으니까.

Point
- # 실패에 연연하면 뇌는 실패하기 쉬운 회로가 된다.
- # 뇌는 신체의 움직임을 상기만 해도 회로가 작동한다.
- # 일하다 실패했을 때 약간만 틀어 생각하면 좋다.

제3조 미래의 실패를 불평하지 않는다

과거의 실패조차 말로 꺼내기 위험한데, 아직 일어나지도 않은 미래의 실패에 대해 불평하는 건 어리석은 행동이다. '질 것 같아' '어차피 실패할걸' '안 될 게 뻔해'라는 말은, 이 말을 한 시점을 기해 실패 회로가 신나게 문을 열고서 부정적인 미래를 끌어당긴다.

노력하는 자식에게 "너 그때 그거 때문에 실패했잖아. 이번에도 같은 이유로 실패하지 않도록 힘내"라고 말하는 부모가 있다면 때려눕히고 싶다(표현이 거칠어서 미안합니다). 왜냐면 이런 말을 듣고 자식이 잘할 리 없기 때문이다. 실패 회로에 씌워져 실전에 나가다니 너무 가엾다.

연장자는 자신의 불안을 젊은 사람에게 거리낌 없이 말해서는 안 된다. 알아차리기의 고수인 60대는 사람에 따라 '불안의 씨앗'을 한 보따리나 발견할 수 있다.

이를 손주, 자녀, 부하 직원에게 일일이 다 말하면 '잘 풀리지 않는 인생'을 물려주는 셈이다.

60대 중 '불안의 씨앗'이 막 떠오르는 사람은 분명 자신을 키워준 사람이 '불안'을 달고 사는 사람이었을 것이다. 그 윤회, 여기서 멈추자.

Point
미래의 실패에 대해 불평하는 것은 어리석은 행동이다.
불안의 씨앗을 버려라. 유전, 윤회된다.

실패만 하는 건 운명이 아니라 내 탓

부정적인 사람은 '어차피 실패한다'고 단정하기 때문에 실패 회로가 활성화되어 실패하는 것이다. 실패로 이끄는 건 운명이 아니라 나 자신이다.

그래서 나는 '반성'이라는 말에 질색한다. 일이나 춤에 정진할 때도 '그렇게 해서 잘 안된 거야'라는 생각은 절대 하지 않는다. '이렇게 하면 잘 된다'에만 집중한다. '무릎을 써서 앞으로 나가려니까 잘 안되네'가 아니라 '다음엔 가슴을 먼저 내밀어야지'처럼…. 표리일체의 관계처럼 보이지만, 뇌신경 회로가 만들어지는 방식은 완전히 다르다.

자녀에게도 이런 방식으로 말해왔다.

'그거 하면 안 돼'가 아니라 '이렇게 해보면 어떨까?'처럼….

물론 알아듣기 쉽게 '그렇게 말고 이렇게 하는 게 좋지 않을까?'라고 할 때도 간혹 있지만, 아이가 실전을 앞두고 '그거 하지

않도록 조심해야지'라는 생각이 떠오르지 않게끔 부족한 부분
은 담백하게 말하려고 노력하고 있다.

'잘 안 될지도 몰라' '질 것 같아'라고 생각하면 대개는 정말로
그렇게 된다.

다른 사람에게 어떤 제안을 할 때도 순간적으로 '거절당하겠
지?'라고 생각하면 필시 거절당한다. 왜냐면 부정적인 결과를
상상한 순간 불안한 표정이 나오기 때문이다. 사실 사람은 표정
이 전염되는 생물이다. 불안한 얼굴은 상대에게 전염돼 그 사람
의 표정도 불안해진다.

사람은 불안한 표정을 지으면, 불안할 때의 뇌신경 신호가 유
발돼 정말로 불안감을 느낀다. 이것이 제안이 거절당한다고 말
한 이유다.

Point •

실패는 운명이 아니라 나 자신이다.

제4장 '늙음과 죽음을 신경 쓰는 마음'을 내려놓는다

성공 경험은 '인생을 술술 풀리게 한다'

역설적으로 '좋은 이미지'가 굉장히 효과적인 이유다. 그 이미지대로 신체가 움직이기 때문에 좋은 결과를 낼 수 있다. 운동선수들이 최상의 컨디션이었을 때를 떠올리는 이미지 트레이닝은 뇌과학적으로 아주 올바른 훈련이다.

순간적으로 좋은 이미지를 떠올릴 수 있는 뇌(腦)다.

무슨 일이든 술술 풀리는 사람이 가진 뇌의 특성이기도 하다. 자신의 신체도 잘 움직일 수 있고, 주변 사람들의 동조도 쉽게 얻을 수 있다. 좋은 이미지는 좋은 표정을 만들어 내고, 덩달아 눈앞에 있는 사람도 표정이 좋아져 기분도 좋아지기 때문이다.

순간적으로 좋은 이미지가 떠오르는 뇌──당신과 가까이 지내는 젊은 사람들을 이런 뇌로 만들어주자.

'순간적으로 좋은 이미지가 떠오르는 뇌'가 되기 위해 꼭 필요한 것이 성공 경험이다. 실패는 뇌에 최고의 운동이지만, 성공 또한 최고의 운동인 셈이다.

작은 성공이어도 괜찮다. 인생 선배에게 '자신이 하고 싶은 일'을 축복받는 정도로도 괜찮다. 이런 경험이 젊은 사람의 뇌에 '순간적으로 좋은 이미지(잘 풀리는 이미지)가 떠오르는 회로'를 만들어낸다.

이 경험은 아기 때부터 시작된다.

물건을 집게 된 순간, 발판 위에 올라선 순간, 손에 쥔 걸 처음으로 입에 넣은 순간(음식이 아니어도), 버튼을 누른 순간, 컵에 든 물을 쏟은 순간, 티슈를 몽땅 뽑은 순간, 식기를 휴지통에 힘차게 내다 버린 순간 등이다. 손주의 뇌가 처음 해보는 일을 나는 얼씨구나 칭찬해 준다.

어른들은 보통 '기쁜 일'과 '그렇지 않은 일'을 구분해 기쁜 일에는 칭찬하고, 그렇지 않은 일에는 인상을 찌푸리기 마련인데, 나는 이 둘을 구분하지 않는다. '이 아이가 지금까지 못했던 일을 해냈다'에만 집중한다.

뭐든 도전하면 축복을 받는다. 스스로 행동을 일으키면 반드시 잘 풀린다. 손주의 뇌 깊숙이에 이 이미지가 있길 바란다. 좋고 나쁘고는 나중에 얼마든지 배울 수 있으니까.

축복은 나이에 상관없이 효과 있다

무조건 칭찬해 주면 위험한 상황도 생기지 않을까? 물론 위험하면 제지한다.

손주는 나의 제지에 바로 반응해 몸이 굳는다. 일상다반사에 축복해 주는 사람의 '안돼'는 효과가 기가 막힌다. 0세 아이도 심상치 않다고 느끼겠지.

우리집 며느리도 웬만하면 웃고 넘겨서(오늘 아침에는 아이가 엄마에게 요구르트를 쏟았는데 폭소했다) 정말로 좋은 엄마라고 생각한다. 아들도 자신이 커왔던 대로 아이의 행동을 너그럽게 받아들인다.

문제는 할아버지다.

0세 아이를 상대로 옳고 그르고에 열을 올리니 좀 어이가 없다(덕분에 할아버지의 '안돼'는 일절 먹히지 않았다). 그런데 무슨 영문인지 1년 1개월 된 손주와 할아버지는 대등한 절친 사이

가 되었다. 적당히 봐주는 법이 없는 할아버지여도 좋은가 보다. 다양한 어른이 있어서 좋다고 생각하는 요즘이다.

그러니 '안돼 라는 말을 남발했나'라며 마음이 무거워진 사람들도 걱정 붙들어 매길 바란다.

축복은 몇 살에 시작하든 효과 있다. 축복해보지 않은 어른의 축복은 효과가 아주 크니(나의 '안돼'가 효과 있듯이) 오늘부터 노력하면 된다.

60대의 성공 경험도 소중히 하자

성공 경험은 60대의 뇌에도 효과가 있다. 남편, 아내에게도 칭찬과 축복을 해주자. 정년퇴직 후 손에 익숙지 않은 집안일을 시작한 남편에게 불시에 지적하지 말고 '처음 해본 일을 축복하고 격렬하게 칭찬해 주는' 이벤트도 좋다.

오랜 세월 끝에 베테랑의 영역에 들어선 아내에게도 다시 한 번 "당신의 음식(청소)은 기적이야"라고 말해줘도 좋다.

성공 경험을 얻기 위해 새로운 취미를 시작해 보자.

비법은 칭찬을 잘하는 선생께 배우는 것이다.

자세한 설명은 뒤에서 하겠지만, 60대는 여행과 무언가를 배우는 데 절호의 시기다. 젊은 사람들보다 훨씬 빠르게 요령을 터득할 수 있다. 그래서 60대의 배움은 예상 밖의 성공 경험을 낳는다. 꼭 도전해 보길 바란다.

'불혹의 40대'는 '건망증의 40대'

원래 이야기로 돌아오자.

뇌(腦)의 관점으로 인생을 이야기하는 여정은 아직 반밖에 오지 않았다. 이제 겨우 30대가 끝났다.

망설이고 흔들리는 실패 적령기=30대를 빠져나오면 '건망증'이 기다리고 있다.

40세 전후가 되면 뇌에서는 건망증이 시작된다.

그러나 우울해할 필요 없다.

건망증은 노화가 아니라 진화다.

30대, 실패와 경험을 쌓는 동안 뇌에서는 살아가는 데 유용한 우선순위가 완성된다. 즉 '순간적으로 신호를 보내야 하는 회로'와 그렇지 않은 회로로 나눠진다. 그리고 그렇지 않은 회로 끝에 있는 건, 순간적으로 기억나지 않는 현상이다.

뇌 속에는 천문학적인 수의 회로가 내재되어 있다. 순간적으로 선택할 수 있는 회로가 많으면 망설여지고, 회로가 적으면 망설이지 않는다.

'순간적으로 망설이지 않고 납득이 가는 답이 나오는 뇌'가 되려면 수많은 실패를 쌓아 압축해야 한다. 이 영역까지 도달하기까지 40년 걸린다는 이야기다. '28세부터 노화가 시작된 뇌가 마침내 정신이 흐려졌다'가 결코 아니다.

공자는 '마흔이 돼서야 흔들리지 않고'라고 했다. 천하의 공자조차 30대까지는 흔들렸다는 말이다. 게다가 마흔이 되어 흔들림이 없어진 이상, 천하의 공자도 건망증이 시작되었을 것이다. 뇌에서는 '흔들림 없다'와 '건망증'이 세트로 묶여 있으니까.

40대는 건망증이 진행되는 동시에 흔들림이 사라지는 10년간이다. 또 자신의 핵심이 되는 답이 나온다. 직장에서는 사람들이 의지하고, 자녀들의 입시가 시작되면서 점점 책임감이 무거워지는 나이다.

60대는 잊고 또 잊고

자, 이 건망증이다. 60대가 되면 잊었던 사실도 잊어버려 꽤 아무렇지도 않게 된다. 이대로도 괜찮다. 가끔 심하다 싶을 정도로 기억이 안 나면 경악하겠지만(2층에 올라왔는데 뭐 때문에 올라왔지…?), 이 정도면 애교다. 앞에서 설명했다시피, 머지않아 일반명사도 기억나지 않고 그게 어디에 쓰이는지도 잊겠지만, 이 또한 겁낼 필요 없다.

어찌 되었든, '인생에 필요치 않다'고 뇌가 판단해 잊은 거니까. 뇌가 시키는 대로 여유롭게 지내자.

예전에 조에츠신칸센(上越新幹線)에 탔을 때, 대각선 앞좌석에 60대로 보이는 여자 4명이 도시락을 먹으면서 즐겁고 담소를 나누고 있었다(코로나가 있기 전이다). 그중 1명이 "있잖아 그 여자 배우, 댄스 영화에 나왔잖아. 감독이랑 결혼한……"라고 말했다.

이에 마주 앉은 2명이 "아~ 누군지 알아. 발레 하던 사람! 그, 얼굴 긴. 아, 그~ 이름이 뭐였더라. 그 사람 나온 시대극 재밌었는데… 어, 뭐였지 그 시대극"이라며 수수께끼는 늘어나는데 아무도 생각해 내지 못했다. 오미야역을 통과했을 즈음이었다. 다른 이야기까지 끌고 와 생각해 내려 애썼지만 결국 니가타에 도착할 때까지 그러지 못했다. 이 얼마나 매혹적인가. 결국 생각해 내지 못해 기분은 잠깐 상해도 인생에는 아무 영향도 주지 않는다. 이 4명에게는 사교댄스도 발레도 일상과 동떨어진 이야기라 어찌 되든 상관없을 것이다.

이렇게 말하는 나도 그 여배우 이름이 생각나지 않아 몸부림치다 에치고유자와역 부근에서 '맞다, 인터넷!' 하고 번뜩였다. 휴대폰을 꺼내 '사교댄스, 영화, 여배우, 발레리나'로 검색하자 구사카리 다미요가 바로 떴다.

우리 세대는 행복하다. "어, 그거, 그 있잖아" 하면 인터넷에 검색할 수 있는 시대다. 곧 AI도 도움을 줄 것이다. 그리 머지않은 미래에 우리는 개인용 AI 함께 살게 될 것이다. 브로치처럼 옷에 달고 다닐지도 모른다. "아~ 그거 있잖아. 지난주에 다른 사람이랑 이야기하다 나왔던 건데"라고 중얼거리면 옆에서 잠자코 듣고 있던 AI가 "○○입니다"라고 대답할지도 모른다. 생각나지 않아도 아무 문제 없다.

참고로, 지금 화제를 모으고 있는 '챗 GPT'를 알고 있는가? 인간처럼 질문에 척척 대답하는 검색 AI다. 그런데 형편없는 거짓말도 하니까 조심하길 바란다. '구로카와 이호코에 대해 알려줘'라고 입력하면 '일본의 소설가. 1952년, 가나가와현 출생이다. 대표작 《꿀벌과 천둥소리》는 영화로 만들어져 큰 인기를 끌었다'고 답한다. ──누구 얘기지? 생일도 태어난 지역도 틀렸다. 《꿀벌과 천둥소리》는 온다 리쿠의 소설인데다, 위키피디아에 따르면 온다 리쿠는 1964년에 아오모리현에서 태어났다.

그래봤자 인공지능은 '입력된 내용을 연산하고 출력'할 뿐인 장치에 불과하다. 인간 저널리스트처럼 "어? 여기 앞뒤가 안 맞는데… 더 자세하게 확인해야겠어"라고 하지 않으므로 인터넷에 올라온 엉터리 정보를 넉살 좋게 알려준다. 이런 챗 GPT도 검색자의 피드백으로 정확도가 올라가겠지만….

50대, 누구나 달인이 된다

흔들리는 30대, 건망증 40대의 끝에 도달한 56세, 뇌는 다음 단계로 넘어간다. 드디어 인생에서 가장 머리가 좋은 시기가 시작된다.

이번 장의 서두에서 뇌를 장치로 비유하면 28년마다 성질이 바뀐다고 설명했다. 처음 28년은 입력 성능이 가장 뛰어난 시기, 다음 28년은 우선순위를 정하는 기간 그리고 56세부터 시작하는 제3블록은 출력 성능이 가장 뛰어난 시기다.

왜 28년이냐고? 사람의 뇌에는 생리적인 '7년 주기'가 존재한다. 우리의 뇌는 엄밀하게 7년마다 한 단계씩 성장한다. 7세는 소뇌의 완성기, 14세는 감성의 완성기, 21세는 전두엽의 완성기⋯⋯이런 식이다. 그리고 7×4=28년마다 큰 묶음이 있다.

왜 7년 주기인지 설명하려면 길어지니, 흥미가 있다면 나의 또 다른 책 《사람은 7년 만에 탈피한다》을 읽어보라.

28세까지의 '새로운 것을 술술 외울 수 있는 시기'가 끝나면 실패와 흔들림과 건망증이 기다리고 있다 보니, '뇌의 전성기를 28세까지'라고 믿고 만다. 하지만 뇌는 단 1초도 쓸데없는 일을 하지 않는 장치다(40년에 이르는 뇌 연구를 통해 나는 깊이 확신하고 있다). 28세에 그 목적이 끝날 거라면 생명도 끝났을 것――나는 이렇게 믿고 뇌의 일생을 분석했는데, 아니나 다를까 실패와 흔들림과 건망증은 중요한 진화 단계였다……!

56세 생일날은 뇌의 완성 기념일이다. 뇌 속 회로에 우선순위가 정해져 '순간적으로 정답을 내놓을 수 있는 뇌'가 되었다.

이 경우의 "정답"은 그 뇌가 쌓아온 행동에 대한 정답이다. 이를테면, 정리정돈을 의식하고 시간을 할애한 사람은 '그 사람이 지나가면 방이 정리된다'는 영역에 진입한다. 완성도가 지나치게 높지만, 당사자에겐 자연스러워 의외로 모르는 경우도 많다.

그러고 보니, 50대 중반에 나는 '부엌 찬장을 열 때 떨어지는 반찬통과 랩을 보지도 않고 잡을 수 있다는 것'을 알게 되었다. 부딪치는 소리만 나도 어디로 떨어질지 감이 온다. 부엌 조리대에 있는 물건이 바닥으로 떨어질 때도 보지도 않고 무릎으로 받아낸다(!). 도대체 어떤 달인일까?

이 이야기를 동갑 친구에게 하면, "나도 그래" 하고 눈을 반짝이는 친구가 둘이나 있었다. "50대 대단하네"라고 서로 감탄하던 그날 밤, 아들에게 이 이야기를 했더니 "네? 그보단 반찬통 뒤죽박죽 안 넣는 게 먼저 아니에요? 그런 달인을 어디다 자랑해요"라며 어이없어했다. 지당하신 말씀이다.

30, 40대에 반찬통이 자주 떨어졌다는 증거니까(쓴웃음).

50대도 중반이 되면, 남녀 모두 자신의 전문 영역에서 다양하게 직감이 작동하고 있음을 자각하게 된다. 정답을 바로 간파하고 납득하기 때문에 '어떻게 해야 하지?' 망설이는 시간도, '이렇게 해도 괜찮겠지?' 고민하는 시간도 필요치 않다. 갑자기 일하는 속도가 빨라지고 뇌의 스트레스는 줄어든다.

좋은 느낌이 든다.

당연히 주부들도 실력이 올라간다. 냉장고에 있는 재료만으로 만들 수 있는 요리가 떠오른다. 또 사야 하는 것들, 해야 하는 일들이 잇따라 떠오르면서 전성기에 가까워진다.

63세, 단단하고 흔들리지 않는 인생의 달인

뇌가 완성되고 출력 성능이 가장 뛰어난 시기에 접어드는 56세다. 하지만 내 경험상 50대는 아직 무르익지 않았다. 아직 자신이 지닌 달인의 면모를 깨닫지 못했다.

본질을 알기 시작했다고는 하나, 아직 문맥에 의존한 본질이어서 경험상의 정답에 불과하다. 즉 자신과 같은 인생을 걷는 직장 후배에게는 따끔하게 말해줄 수 있다. 그러나 이를테면 다른 길을 걷고 있는 피아니스트 딸에게 인생의 핵심을 말해주려면 7년의 시간을 더 기다려야 한다.

그렇다.

63세는 단단하고 흔들리지 않는 인생의 달인이다. 본질을 아는 사람들, 성숙한 뇌를 가진 사람들이다.

젊은 뇌를 존중하자

이쯤에서 다시 주의사항을 말한다.

여러 차례 설명했지만, 56세까지의 뇌는 성능이 지나치게 높아 젊은 사람들이 미련해 보이는 경우가 있다. '눈치가 없고 굼뜨다' '옳고 그름을 모른다'처럼 느껴진다. 그러나 젊은 뇌를 이런 식으로 단정하는 건 절대 공정하지 않다.

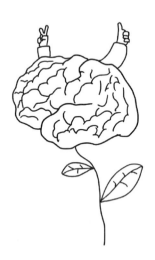

우리에게는 이 세상의 삼라만상 중 자신의 뇌가 선택한 정답만 보인다. 강한 확신을 가지고 내린 그 답은 '자신이 살아온 환경에서 바라본 지금 현재'에서는 부동의 진리, 궁극의 정답일지도 모른다.

그러나 30대의 뇌는 30년 후의 진리와 정답을 위해 지금 차근차근 수행하는 중이다. 그들의 뇌가 얻는 건 30년 후의 세상의 정답이지, 우리의 정답과는 또 다르다. 한 살이 된 손자는 지금 2082년의 진리와 정답을 향해 가고 있다…!

자신의 뇌에서 내린 정답을 망설이고 있는 젊은이에게 선물해주는 건 좋지만, 그 선물을 쓸지 말지는 그들의 뇌가 결정할 일이다.

뇌 속의 '해야 한다'를 이해하자

나이 60이 넘으면 뇌에 떠오르는 온갖 '해야 한다'를 이해해야 한다.

'공부해야 한다' '하겠다고 정한 일은 끝까지 해야 한다' '결혼해야 한다' '아이를 낳아야 한다' '성실해야 한다' 등이다.

'하겠다고 정한 일은 끝까지 해야 한다'는 부모나 조부모가 아이에게 자주 하는 말인데, 사실 이 말에는 뇌과학적으로 틀린 부분이 있다.

아이들이 자신의 재능과 만날 수 있도록 다양한 스포츠나 예술에 도전해 보길 바란다. 12세 전까지 만나는 것이 중요하므로 아무래도 시간이 부족하다. 그러니 '아무리 해도 기분이 좋아지지 않으면' 그만둬도 된다.

다만, 학교 공부는 싫어도 하는 게 좋다.

수학이 쓸모가 있어? 라고 생각하겠지만, 수학은 '인식 회로의 범위'를 만들어준다. 미적분은 학교를 졸업하면 대부분 평생 동안 쓰지 않지만, 학교 다닐 때 잘 이해해 두면 정보를 정리하는 우수한 틀이 만들어진다. 사물의 '가장자리선(edge line)'만 보는 연산=미분과 사물의 '존재감'을 파악하는 연산=적분. 의식하지 않아도 뇌에서는 변화가 일어나고 있다.

긴 세월, 세계 각국에서 아이들의 성장에 필수라고 정한 교재는 과연 중요하다.

Point

다만, 학교 공부는 싫어도 하는 것이 좋다.
사물의 '가장자리선(edge line)'만 보는 연산=미분과
   사물의 '존재감'을 파악하는 연산=적분이다.

60대는 모두가 상담사

63세가 넘은 각양각색의 사람들이 자신이 잘하는 분야를 소개하는 모임이 있으면 좋겠다.

영업직에 근무한 사람은 영업 비법을, 뜨개질을 잘하는 사람은 뜨개질 노하우를 소개하는 것이다.

일이든 집안일이든 취미든 장르 구분 없이, 남녀의 장벽 없이 말이다. 어느 이야기에서든 그 길의 본질이, 인생의 진수가, 이 세상의 진리가 분명 보일 것이다. 그리고 젊은 사람의 고민을 다 같이 들어주자.

영업의 고수도, 뜨개질의 달인도 연애 상담을 해주는 것이다. 즐거워 보이지 않는가?

공자는 '50에 천명을 알고, 60에 이순이다'라고 했다.

이순(耳順)은 사람의 말에 귀 기울일 수 있게 된다는 뜻이다.

지극히 당연한 말이다. 60이 넘으면 눈앞의 젊은이가 도통 알아들을 수 없는 말을 늘어놓아도 그 사람의 본질을 정확히 파악해 말속의 진실을 들을 수 있다.

이는 공자에게만 일어나는 일이 아니다. 56세가 되면 모두 어떤 달인이 되어 순간적인 감이 작동한다. 그 자리에서 인생을 이야기할 수 있다.

그리고 63세가 되면 자신과 전혀 다른 길을 걷는 젊은이들에게도 한 줄기 빛이 되어주는 답을 줄 수 있다.

Point
공자는 '50에 천명을 알고, 60에 이순이다'라고 했다.
60이 되면, 누구나 그 자리에서 인생을 이야기할 수 있다.

80세의 조언

40대 막바지 무렵, 친구와 둘이서 나이 80세의 멋진 여성을 찾아뵌 적이 있다.

해안가에 사는 그녀의 집으로 향하는 차 안에서 친구가 불쑥 말했다.

"목표 없는 사랑을 어떻게 하면 좋을지 모르겠어."

친구 왈, 어떤 사람을 좋아하게 되었다. 그 사람과 같은 공간에 있으면 행복하다. 대화하면 힘이 난다. 한마디로 말하면, 미치도록 좋다. 그렇다고 남편이 싫어진 건 아니다. 가정을 버릴 생각도 없다.

그렇다면 이 마음은 어찌하면 좋을까?

미혼일 땐 좋아하는 사람이 있으면 결혼이라는 목표에 매진하면 된다. 하지만 이 길로 갈 수 없는 '좋아하는' 감정은 버겁다. 어떻게 해야 할지 몰라 괴롭다.

나는 "좋아하는 감정을 즐기면 되잖아. 알사탕을 입안에서 굴리듯이 말이야. 언젠간 천천히 사라져 없어지니까."

"그걸 어떻게 해!"라고 말하는 친구다.

"그럼 접는 수밖에 없네"라고 말하는 나.

"어우, 그것도 못하겠어"라고 말하는 친구.

이야기가 빙빙 돌기 시작할 즘, 그 집에 도착했다.

와인과 치즈를 즐기며 한바탕 담소를 나눈 후 돌아가는 길의 일이다.

친구가 "내 사랑 이야기 그 사람한테 말했어?"라고 물었다.

"아니, 그걸 왜 말하겠어. 게다가 계속 같이 있었잖아?"라고 대답했다.

"그치" 하면서 친구는 신기하다는 듯 말을 이어갔다.

"너 잠깐 자리에 없을 때, 그 사람이 대뜸 그러더라. ——여자는요, 남들에게 말 못할 사랑이 하나쯤 있어야 여자라고 할 수 있어요. 사랑하는 그 사람에게조차 말할 수 없는 사랑이어도 괜찮아요."

우리는 사랑 이야기를 단 한마디도 하지 않았다. 그저 그녀의 이야기를 즐겼을 뿐이다. 그런데 성숙한 80세의 뇌는 친구의 고민을 꿰뚫어 보았다.

"그래서 당분간은 이 감정을 즐기려고 해"라며 친구는 환하게 미소 지었다.

"지금 그 말, 여기 오면서 내가 했던 말이네"라며 핀잔을 주었지만, 친구에게는 들리지 않는 것 같았다.

60대부터 20년을 또 성숙해져 가는 80대의 뇌는 어마무시하다. 고민을 말하지 않아도 주옥같은 해답을 주다니…!

그러고 보니 우리 회사 부사장도 80대다. 그의 '예언' 같은 혜안이 회사를 구했던 적이 있다. 매일 하는 연구에서도 여러 과학적 식견을 주는 보물 같은 존재다.

우리는 이러한 성숙을 향해 나아가고 있다.

젊음에 대한 동경과 늙음에 대한 불안에 사로잡혀 울적해지기엔 1초도 아깝다.

자신을 꺼내어 확인한다

60이 되면 자신이 어떤 달인이 되었는지 살펴보길 바란다. 자신 안에 있는 것을 꺼내어 확인하는 것이다.

지금까지의 인생에서 늘 의식했던 것, 해왔던 것, 좋아했던 것 ——사소한 것도 놓쳐서는 안 된다. 나는 찬장에서 떨어지는 반

제4장 '늙음과 죽음을 신경 쓰는 마음'을 내려놓는다

찬통 외에 요즘은 기모노와 오비(帶: 기모노에 두르는 허리 장식용 띠)와 오비지메(오비를 고정시키기 위해 띠 위에 두르는 끈)와 오비아게(오비를 고정시키고 매무새를 깔끔하게 정리해 주는 헝겊 끈) 패션에 푹 빠져 있다. 또 이유식을 꽤 잘 만든다. 쌀겨절임도 자신 있다. 일적으로도 '나만이 할 수 있는' 전문 영역을 몇 가지 골라낸다.

이렇게 자신의 뇌에 쌓아놓은 '지(知)의 결정'을 하나둘 꺼내다 보면, 오래 살아온 나날에 자부심이 생긴다. 동시에 자기 자신이 좋아진다. 그러는 동안 젊음에 대한 동경도, 늙음에 대한 근심도 분명 사라진다.

60이여, 만세!

Point
뇌에 쌓아놓은 '지(知)의 결정'을 꺼내다 보면, 오래 살아온 나날에 자부심이 생긴다.

제5장

'남편을 신경 쓰는 마음'을 내려놓는다

• 이번 장에서는 평생을 함께하는 (처지가 된) 정년퇴직한 부부에게 전하는 이야기다.

우선은 개인 시간과 공간을 확보한다

오랜 시간 따로따로 행동한 부부가 24시간 함께 지내게 되었을 때, 맨 처음 할 일은 서로의 개인적인 시간과 공간을 확보하는 것이다.

언제였을까, 주택건설사 광고 중에 '서로의 시야에 들어오지만, 꼭 붙어 있지도, 떨어져 있지도 않은 거리감을 유지하는 거실'을 봤었는데, 나는 여기에 찬성할 수 없다. 눈에 보이지 않는 편이 좋다. 기본적으로 부부는 눈에 보이면 신경질이 나기 때문이다.

이상적인 모습은 서로의 기척은 느끼되(생활 소음은 들리지만), 시야에 들어오지 않는 각자의 공간을 확보하는 데 있다.

공간만 분리해서는 안 된다.
시간도 분리해야 한다.

제5장 '남편을 신경 쓰는 마음'을 내려놓는다

이를테면 남편은 서재에 있고 아내는 거실에 있다고 해보자.

서로의 공간이 떨어져 있어도 남편이 "이 보리차 마셔도 돼?" "점심 뭐 먹어?"처럼 툭툭 말을 걸면 아내는 자신이 하고 싶은 일에 집중하지 못한다.

입장이 바뀌어도 마찬가지다.

그러니 각자 개인적인 공간에 들어가면 얼마간은 말을 걸지 않는 배려도 필요하다. 경우에 따라서는 시간을 정한 뒤 그 시간까지는 상대의 개인적인 영역에 침범하지 않는다는 규칙을 세워도 좋다.

"3시까지 말 걸지 말아 줘"는 까칠한 뉘앙스로 들리니, "3시에 같이 커피 마셔. 그때까지 난 뜨개질(드라마, 정원 꾸미기)에 집중하고 있을게"라고 말해보면 어떨까?

Point

\# 기본적으로 부부는 눈에 보이면 신경질이 난다.

부부는 '함께 있기에' 부적합한 사이

애초에 부부는 함께 있기에 적합하지 않다.

암수로 생식하는 동물은 모름지기 생식할 때 정반대의 감성을 가진 상대를 선택하게 되어 있다. 인간으로 치면, HLA유전자(면역항체의 형을 만드는 유전자)가 멀리 떨어져 있고 일치하지 않는 상대를 고른다. 면역항체의 형은 세포 단계에서 '외부 자극에 대한 반응'을 결정한다. 면역항체의 형이 다르니 취약한 질병도 다르다.

반대로 말하면, 생체마다 강력하게 대응하는 질병 유형이 다르다. 이를테면 암에 잘 걸리지 않거나, 세균에 대한 면역력이 강하거나, 바이러스에 잘 감염되지 않는다.

그렇다, '생식'이란 '다른 유형의 유전자를 교배시켜 자손에게 더 다양성 있는 유전자를 물려주는 행위'다. 그도 그럴 게, 추위

제5장 '남편을 신경 쓰는 마음'을 내려놓는다

에 강한 유전자와 더위에 강한 유전자를 물려주면, 지구가 온난화가 되거나 한랭화가 되어도 어느 한쪽이 살아남아 멸종은 피할 수 있지 않은가.

지구 생태계는 정말로 잘 짜여 있다.

그리고 '발정'이란, '아주 멀리 떨어져 있는 유전자의 소유자를 발견했을 때의 뇌 반응'이다.

서로에게 반해 함께 하기로 한 부부는 생체 반응이 다른 둘이다. 부부가 선호하는 쾌적한 실내 온도는 당연히 같을 리 없다. 일상에서 보이는 반응도 약간씩 다르다.

잠을 잘 잔다/잠을 못 잔다, 튀김을 좋아한다/튀김을 싫어한다, 성급하다/느긋하다, 꼼꼼하다/덤벙대다 등이다.

느긋한 사람이 성급하게 행동하는 사람을 보면 화가 난다. 물론 반대여도 마찬가지다. 그래서 부부의 생활공간은 분리되어야 별 탈이 없다.

부부의 애착을 키우는 '생활의 기적'

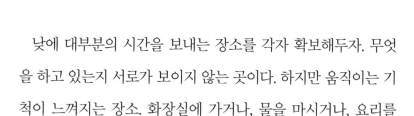

낮에 대부분의 시간을 보내는 장소를 각자 확보해두자. 무엇을 하고 있는지 서로가 보이지 않는 곳이다. 하지만 움직이는 기척이 느껴지는 장소. 화장실에 가거나, 물을 마시거나, 요리를 하거나, 청소할 때 나는 소리 정도는 들리게끔 말이다.

그 이유는, 소리가 들리면 뇌는 무의식적으로 '함께 있다고' 느끼기 때문에 상대에게 애착 비슷한 감정이 생긴다. 나이 든 부부 사이에 애착 키우기는 굉장히 중요하다. 나중에 두 사람이 꼭 붙어 '서로를 돕고 의지하며' 살아갈 날을 위해서다.

소리가 들리면 상대를 이해하는 길로 이어진다.

한 노년의 남성이 내게 이런 말을 했었다.

"구로카와 선생은 《아내 사용설명서》에서 쓰레기를 버리는데 여덟 가지 공정이 있다고 하였죠? 쓰레기봉투 재고 관리, 쓰레기 분류… 남편의 쓰레기 버리기는 그중 하나의 공정에 불과하

다고요. 지난 일요일에 2층 서재에 누워서 책을 읽고 있는데 밑에서 아내가 청소기를 돌리는 소리가 들렸어요. 아주 꼼꼼하게, 구석까지 몇 번이나 미는 소리였어요. 쓰레기 버리기 하나만 해도 여덟 가지 공정이 있는데, 몇십 년 동안 집안일을 해오면서 아내는 여전히 공들여서 청소기를 돌리는구나, 하는 생각에 눈가가 뜨거워졌어요."

아내에 대한 고마움인지, 아내의 인생 무게 때문인지, 그런 감정이 밀려왔다고 한다. 그 남성은 내게 "깨닫게 해줘서 고맙습니다"라고 말했지만, 나야말로 고마웠다. 내가 쓴 책이 부부의 애착을 키운다고 생각하니 벅차올랐다.

이때 깨달았다. 부부가 떨어져 있어야 이상적이지만, 생활 소음이 들리지 않으면 '배우자의 인생'을 느낄 수 없다고….

우리 남편은 정년퇴직 후 가죽공예를 시작했다. 그 솜씨는 상상 이상이어서 실제로 파는 물건처럼 보일 정도로 전문가 뺨쳤다. 토트백, 안경 케이스, 휴대전화 충전 케이블 주머니도 만들어 주었다. 우리는 1층과 3층에 각각 방이 있다. 남편의 나무망치 소리가 들리면 왠지 안심되고 너그러워진다. 사람이 움직이는 소리는 역시 좋다. 그러니 서로의 소리를 들도록 해보자.

웃는 얼굴은 애착을 키운다

부부의 애착을 키우는 비법이 하나 더 있다.

바로 웃는 얼굴이다.

가끔 복도에서 지나칠 때, 식사 시간에 거실에서 얼굴을 마주한 순간, 웃어 보이자. 사람은 자고로 웃어주는 사람에게 애착이 잘 생기기 마련이다.

사람은 타인에게 웃는 얼굴을 많이 보여주지만, 긴 세월 부부로 살아온 반려자에게 의외로 웃는 얼굴을 보이지 않는다. 가장 애착을 나누어야 할 상대인데 말이다.

결혼까지 했으니 노력하지 않아도 둘 사이의 애착이 그대로일 것이라 생각하는가?

결혼반지처럼 영원히 반짝인다고?

그렇지 않다. '애착'은 생물이다. 물을 주지 않으면 식물이 시들듯이 웃는 얼굴과 다정한 공감이 없으면 애착은 무너진다. 꽃에 물을 주듯 아내에게, 남편에게 웃어 보이자.

항상 웃지 않아도 괜찮다. 함께 방에 들어가 처음 얼굴을 마주한 순간이면 된다.

습관은 부부의 유대감이 되어준다

애착을 키우는 또 다른 비법이다. 앞서 '3시에 커피 마시기'처럼 부부의 일상에 한 가지 이상의 습관을 들이길 권한다.

습관은 부부뿐 아니라 남녀 사이의 유대감을 만드는 중요한 아이템이다. 습관은 남성의 뇌에는 '늘 하는 일'을 여성의 뇌에는 '시간을 잇는 즐거움'을 주기 때문이다.

남성의 뇌는 '늘 하는 일'에는 강하지만, 상황에 따라 대처하는 '임기응변'에는 약하다.

3시에 커피 마시기. 이렇게 정해두면 책방에서 집으로 돌아오는 길에 커피 원두 가게에 들를 만큼 마음 씀씀이가 발동한다. 이 습관이 없으면 우연히 지나치는 커피집 앞에서 '아내가 커피를 좋아한다'를 떠올릴 확률은 매우 낮다. 정이 없는 게 아니다. 커피에서 아내로 역순 검색을 못할 뿐이다.

습관은 남성의 뇌에 골대처럼 정확히 박혀 있어 언제든 떠올릴 수 있다. 즉 남성의 배려를 원하면 두 사람 사이의 습관을 만들면 된다.

여성은 역순으로 '연상'하는 검색에 뛰어나서 집 밖에서 우연히 무언가를 보고 가족이나 친구의 얼굴을 바로 떠올릴 수 있다. 출장지에서 잠깐 짬이 나면 가족에게 연락도 할 수 있다. 그래서 똑같이 해주지 않는 남편이나 연인에게 실망하지만, 실은 안 하는 게 아니라 못하는 것이다.

그래서 나는 출장 가는 남성들에게 이런 조언을 건넨다. 집으로 돌아오는 기차나 버스에서 아내에게 연락하라고….

서울행 KTX를 타고 서울로 향한다면, 천안을 지날 때 '현재 천안 통과 중'이라고 전자 패널에 안내가 뜬다. 공간인지력이 높은 남성은 웬만하면 알아차리니 이 안내를 보면 아내에게 '지금 천안 지나고 있어'라고 문자를 하면 된다. 이 문자 하나로 아내는 남편에 대한 애착 포인트가 올라간다. 부산·대구·대전 KTX를 타고 서울에 내릴 예정이면 천안역에서 출발할 때 문자를 보내면 딱 좋다. 다른 지역에 산다면 직접 찾아보길 바란다.

아내는 남편이 도착하는 시간으로부터 역으로 계산해서 식사 준비 시간을 가늠할 수 있다. 누가 뭐래도 여성의 뇌의 키워드는 시간이다.

'3시에 커피 마신다' '7시에 남편이 집에 도착한다'처럼 정해져 있으면, 그때까지의 시간을 왠지 모르게 즐겁게 보낸다.

언제 도착한다는 말도 없이 돌아온 남편에게 출장지 기념품을 받는 것도 나쁘진 않지만, '지금, 천안 지나는 중, 당신이 좋아하는 거 샀어'라는 문자를 받으면 두 시간 정도 즐거운 기분이 유지된다. 그리고 두 시간만큼의 감정이 모두 남편에 대한 애착 포인트로 차곡차곡 쌓인다.

매일 마시는 커피 타임도 마찬가지다. 오늘은 정원의 풀과 꽃을 따서 테이블에 장식해 볼까? 바나나 케이크를 구워볼까? 이런 식으로 혼자서 '커피 마시는 전까지의 시간'을 즐기다 이 감정이 전부 남편에 대한 애착 포인트로 바뀐다. 꽤 도움 되는 이야기 아닌가?

부부에게는 습관이 꼭 필요하다. 특히 자녀를 다 키워 '가족의 습관' 사라진 두 사람에게는….

이 세상은 정말로 잘 짜여 있다

원래 하던 이야기로 돌아가자.

부부는 더 다양성 있는 유전자 배합을 위해 감성이 정반대인 상대에게 끌린다.

더 나아가 감성의 차이는 자녀와 두 사람의 생존 가능성을 높인다. '순간적인 행동'이 정반대여서 서로를 지킬 수 있다.

제5장 '남편을 신경 쓰는 마음'을 내려놓는다

이를테면 '갑자기 불안한 느낌이 들어 주변을 확인'할 때, '공간 전체를 살피고 움직이는 것을 순간적으로 조준할 수 있는 사람'과 '자신의 주변을 신중하게 감지해 아주 작은 변화도 놓치지 않는 사람'이 있다.

감성이 다른 두 사람이 짝이 되면 사각이 없는 철벽의 쌍을 이룰 수 있다. 소중한 내 아이에게 외부의 적이 다가오면, 남편(아내)이 재빨리 알아차려 요격하고, 아내(남편)는 혼란 속에서도 아이에게서 절대 눈을 떼지 않고 지켜낸다.

감성이 정반대인 상대에게 끌리는 구조는 이중적인 의미로 더 좋은 생식을 위한 기본 프로그램인 것이다.

Point
감성이 다른 두 사람이 짝이 되면 천생연분이다.

부부 싸움도 종(種) 보존의 일환

　'다른 개성으로 서로를 그리고 아이를 지키는 상대'이니 각자의 다름을 인정하고 존중해 주면 얼마나 아름다운 두 사람이 될까, 하고 생각은 하지만 결코 호락호락하지 않다.

　순간적으로 다른 정답을 내놓는 두 사람이다. 둘 다 양보하다가는 위험해진다.

　이를테면, 침몰 중인 배에서 길을 잃고 출구를 찾으러 뛰어다니는 두 사람 앞에 갈림길이 나왔다고 해보자. 남편은 왼쪽, 아내는 오른쪽으로 의견이 갈렸을 때, 어떻게 '연산'을 해야 조금이라도 빨리 정답이 도출될까?

　'당신이 하자는 대로 할게' '아냐, 당신 말대로 하자'는 식이면 의견을 모으는 데 시간이 걸린다. 게다가 양쪽 다 '생명의 직감'을 내던졌으니 아깝기 그지없다.

그래서 양보는 위험하다.

그 자리에서 격렬하게 다투고 '생명의 직감'을 부딪쳐 의지가 강한 쪽 즉, 순간적으로 확신이 깊어진 사람이 이긴다. 이 구조가 가장 정답의 확률이 높다.

만약 서로의 의지가 팽팽해 의견이 모이지 않으면 두 갈래로 갈라지면 된다. 그러면 어느 한쪽은 살아남아 아이 곁으로 돌아갈 수 있다.

이때 미련 없이 등을 지고 튕겨 나가듯 달려나가려면 서로를 미워하고 있어야 한다.

그래서 부부 싸움은 격렬하고 서로가 미운 법이다. 한때는 사랑한 사이였어도 헤어질 때는 정나미가 떨어질 정도로 싫어진다. 이건 둘 중 어느 한쪽이라도 무조건 생존하기 위한 본능 프로그램이다.

Point

\# 부부 싸움은 격렬하고 서로가 미운 법이다.

옳고 그름보다 아내의 기분

서로를 존중하고 양보한다.

도덕적이고 아름다운 말이지만 부부는 이런 관계가 될 수 없다. 부부는 생식과 생존이 핵심인 한 쌍이니까. '생명의 직감'끼리 부딪치고, 조금은 강제적으로 밀고 나가고, 타협되지 않으면 서로 미워하고 등지는 것이 옳다. ──50대까지는.

다시 떠올려 보자. 우리 60대는 이미 생식의 역할이 끝났다. 이젠 그렇게까지 치고받고 싸울 일도 없지 않은가?

남성은 아내에게 옳고 그름을 따진다. 아내가 슬퍼하는데도 "당신도 이랬으면 좋았잖아" "그쪽에서 하는 말도 일리가 있어" 하면서 일격을 날릴 필요가 있을까?

아내가 슬퍼하면 일단 옳고 그름은 접어두고, "힘들었겠네. 고생했어"라고 말해주면 된다. 생식 기간은 끝났으므로 '생명의 직감'을 맞부딪치며 증오심이 생길 만한 싸움은 하지 않아도 된다.

제5장 '남편을 신경 쓰는 마음'을 내려놓는다

신의 프로그램

부부의 에어컨 설정 온도가 다른 이유다. 별거 아닌 일로 짜증 내고, 의견이 다르면 욱해서 말다툼하고, 타협되지 않으면 서로 미워하는 이유 말이다. 이 모든 게 생식을 위해 잘 짜인 프로그램의 일환이었던 것이다.

나는 대학에서 물리학을 전공하고 소립자를 주제로 졸업논문을 썼다. 소립자 하나, 전부가 기적 같은 정합성으로 이 세상에 존재한다. 쓸모없는 것 하나 없이, 마치 신의 손으로 만들어진 정교한 프로그램 같다.

사회인이 된 후로 40년이나 뇌와 함께하고 있다. 뇌가 하는 일에도 전부 정합성이 있다. 인간이 무심코 하는 행동에는 인류의 존속이 걸려 있는 깊은 의미가 있다. 이 연구를 하고 있으면 뇌는 단 1초도 쓸데없는 일을 하지 않는다는 걸 알게 된다.

생식 프로그램을 종료하자

그렇지만 생식 기간을 끝내고 둘만 사는 부부에게 쓸모없진 않으나 과잉은 맞다. 생식을 하지 않는데 생식 프로그램을 답습한다는 게 말이다.

생식 기간 중에 남자가 옳고 그름을 따지거나, 여자가 감정을

제5장 '남편을 신경 쓰는 마음'을 내려놓는다

쏟아내며 말다툼하는 건 생식을 완수하기 위한 중요한 연산이다. 하지만 이미 생식을 완수한 두 사람의 삶에는 너무 난폭하다. 남성도 여성도 옳고 그름을 따지기에 앞서 상대의 감정을 중요하게 여겨야 할 때 아닐까?

아내나 남편이 힘들었던 일, 열받았던 일, 아팠던 일을 털어놓으면 '힘들었겠다' '열받을 만하네' '아팠지?'라는 식으로 상대가 말한 형용사를 반복해 보자.

동의할 수 없는 일에는('아니, 이 사람 무슨 소릴 하는 거야'라고 느낄 때), '그랬어?' '그렇구나' '그럴 수 있지'라고 받아주면 된다. 동의하지는 않았지만, 자신의 말에 공감해 주려는 태도는 상대에게도 느껴진다.

Point
생식이 끝난 남성도 여성도 옳고 그름을 따지지 말고 감정을 중요하게 여겨라.

여성의 뇌 속 경계 스위치

뇌의 생식 프로그램은 또 있다.

포유류, 조류, 파충류의 암컷들의 뇌에는 수컷에 대한 경계 스위치가 탑재돼 있다. 수컷의 행동에 대해 '공격받고 있나?' 하고 반응하는 기능이다.

거실에서 쉬고 있을 때 남편이 갑자기 거실로 오면 짜증이 난다. 남편이 난데없이 육하원칙의 질문을 하면 감정적으로 변한다. 남편이 "그 치마 언제 샀대?" 아내 "저렴해서 샀어", 남편 "이 짐은 왜 여기에 뒀어?" 아내 "그럼 안 돼?", 남편 "어디 가?" 아내 "어디 좀 가. 당신이랑 무슨 상관이야?", 남편 "집에 언제 와?" 아내 "모르지. 백화점에 사람이 많고 적고에 따라 또 다르고…".

어떤 부부든 한 번쯤은 해본 대화다. 아내도 짜증이 나겠지만,

제5장 '남편을 신경 쓰는 마음'을 내려놓는다

남편 역시 퉁명스러운 아내의 대답에 '왜 이런 다정하지 않은 사람이랑 결혼했지'라고 생각할 것 같다.

사실 아내에게는 남편의 갑작스러운 질문이 전부 자신을 향한 위협이나 트집으로 들린다.

이 또한 뇌의 경계 스위치 덕분이다.

포유류, 조류, 파충류는 암수의 생식 위험 부담이 각각 다르다. 특히 포유류는 생식에 대한 암컷의 부담이 현저히 높기 때문에(임신하고, 목숨을 걸어 새끼를 낳고, 혈액을 모유로 바꾸어 지속적으로 공급한다), 근처에 있는 유전자 상성이 나쁜 상대로 인해 임신이 돼서는 안 된다. 이런 이유로 이성의 행동에 순간적으로 경계를 높일 필요가 있다. 이것이 뇌의 변연계 주변에 있는 본능 스위치다.

Point

아내는 남편의 하찮은 질문도 위협이나 트집으로 들린다.

여자의 사랑에는 유통기한이 있다

　이 스위치가 계속 켜져 있으면 생식이 성립되지 않으므로, 유전자 매칭에 성공해서(감성이 정반대라고 판단해서) 발정한 순간, 그 남성에게만 경계 스위치가 해제된다.

　이것이 사랑의 시작이다.

　경계 스위치가 작동하지 않으니 "어디 가?"라고 물어보면 "어디 가게~?" "비밀~♡"이라고 대답한다. "집에 몇 시에 와?"라는 물음엔 "되도록 빨리 올게(쪽)"라면서….

　그러나 사랑은 영원하지 않다. 만약 생식이 성립되지 않은 경우, 이 개체에 평생 잠금이 걸려 있으면 유전자를 남길 수 없기 때문이다. 그래서 일정 기간(한 번의 생식에 필요한 기간. 인간의 경우 2~3년)이 지나면 다시 경계 스위치가 작동된다. 이렇게 다시 작동하기 전에 결혼해서 아이를 낳지 않으면 대체로 '장기간 연애'의 끝에 마음이 식어 이별하는 상황이 온다. 젊은 사람들이 꼭 알고 있길 바란다.

임신한 후에도 일단 경계 스위치가 켜진다. 아이가 어느 정도 자라기 전까지 또다시 임신이 되면 위험하니 몸을 지켜야 한다. 그리고 또 하나, 유전자에 더 많은 다양성을 남기려면 '상대를 바꾸는 편'이 낫다는 건 자명한 이치다. 그래서 뇌는 일단 제로 클리어(Zero Clear, 처음으로 돌아간다)한 다음, 생식 상대를 다시 탐색한다.

그러니 남편들이여, 지금 눈앞에 있는 60대 아내는 사랑을 제로 클리어했는데도 또다시 당신을 선택해 이렇게 긴 세월을 함께해 주는 상대다. 정말로 소중히 대하자.

그리고 아내들이여, 아이를 낳은 후 생식하지 않으면서 같이 있는 남편에게 여성의 뇌가 '열받아서 쫓아내고 싶다' 모드에 돌입하는 것은 당연하다. 즉 남편의 말과 행동에 신경질이 나도 그건 남편 탓이 아니다. 그도 그럴 게, 신혼일 때는 "집에 언제 와?"라는 질문에 화가 안 나지 않았나? "외로워? 나가지 말까?" 라고 대답했을 것이다.(웃음)

공감은 사랑을 영원하게 만든다

동물생태학 연구가 다케우치 구미코 씨에 따르면, 암컷은 기본적으로 짝짓기한 생식 상대보다 면역력이 강한 수컷하고만 바람을 피운다고 한다. 즉 압도적으로 면역력이 강한 수컷과 짝짓기하든가, 아니면 더 강한 면역력을 가진 수컷과 만날 기회가 없는 암컷은 평생 짝짓기 상대에게 잠금 될 수 있다. 하지만 상당히 드문 경우다.

제아무리 면역력이 강한 수컷도 나이가 들면 면역력이 약해지기 때문이다.

그런데 이를 극복하고 사랑을 영원하게 만드는 방법이 있다. 바로 '공감'이다. 슬픈 일, 괴로운 일, 분노한 일 그리고 약간의 눈치다.

여기에 "그랬구나" "그러게" "힘들었겠네" "당신도 잘하고 있어"라고 말해주는 남자를 여자는 평생 놓지 않는다.

제5장 '남편을 신경 쓰는 마음'을 내려놓는다

편들기도 중요하다.

딸보다, 며느리보다, 응당 다른 여자들보다 아내를 우선해야 한다. 아내가 젊은 여성을 보고 "예쁘네" 하면서 한숨을 내쉬면 곧바로 "당신 젊었을 적이 더 예뻐. 근데 지금은 더 예뻐"라고 말해보자! 다시 사랑에 빠지게 된다.

정말이다.

생식 기간이 끝나고 세상이 말하는 늙음의 영역에 들어간다 해도 공감을 받는 순간, 편들어준 순간에는 사랑에 가까운 감정이 불쑥 올라온다.

이것이 여자의 마음이다.

이때는 남성의 뇌가 좋아하는 정의(옳고 그름)는 옆에 내려놓고, 약간의 달콤한 거짓말을 해도 좋지 않을까? 기분 좋아지라고 해주는 말인 걸 아내도 안다. 그래도 그런 말을 해주는 신사다운 정신에 반하는 것이다.

남편의 말에 파고들지 않는다

생식하지 않는 수컷을 꼴도 보기 싫어하는 본능은 막을 수 없지만 적어도 남편의 말에 짜증 내지는 말자.

남편의 말에 파고들지 않으면 된다.

"그거 언제 샀대?"라는 말은 "그거 예쁘네"라고 받아들이자.

사실 남성의 질문은 대개 스펙 확인이다. 몇 만 년이나 사냥을 하고 영역을 지키기 위해 싸워 온 뇌라서 그렇다. 자신의 영역에 낯선 것이 있는데 즉각 확인하지 않으면 위험해진다. 예상 밖의 현상, 예상 밖의 행동도 확인해둬야 마음이 편하다. 단지 그뿐이다. 우리 여성처럼 턱 끝까지 차오른 불만을 표현하기 위한 "왜 그러는 거야!"라는 의미가 아니다.

"반찬 이게 다야?"는 '말린 정어리 한 덩어리에 밥 두 순갈이면 충분해. 이따가 고기반찬 또 주는 건 아니겠지'라는 확인이지

제5장 '남편을 신경 쓰는 마음'을 내려놓는다

결코 '종일 집에 있으면서 이게 다야?'라는 의미는 아닌 것 같다.

드물게, 이런 의미로 말하는 여성스러운 남편이 있다면, 밝은 얼굴로 웃으면서 "응, 부족하면 김도 있어"라고 말해주면 이쪽의 승리일지도? (어떤 승부인지는 모르겠지만) (웃음)

생식 기능을 잃어도 생식하지 않는 수컷을 꼴도 보기 싫어하는 본능은 아무래도 해제되지 않는 것 같다. 우리 엄마의 짜증은 70대에 극에 치달았다.

남편이 집에 있게 되는 60대, '남편을 신경 쓰지 않는' 마음가짐이 아내에게는 필요하다.

Point
생식 기능을 잃어도 생식하지 않는 수컷을 꼴도 보기 싫어한다.

제**6**장

'친구를 신경 쓰는
마음'을 내려놓는다

• 이번 장은 주로 여성에게 보내는 메시지다.

우정에 대해 말하자면, 여자의 우정과 남자의 우정은 양상이 완전히 다르다.

남자들의 우정은 '함께 있고 싶은 마음'보다 '장소'를 중심으로 이어져 있다. 그래서 상대가 싫어지면 '장소'에 가지 않으면 그만이다.

여자들의 우정은 '함께 있고 싶은 마음'으로 연결돼 있기 때문에 감정에 온도 차가 생겼을 때 거리 두는 방법에 고민하게 된다.

남자들이 만나는 데는 이유가 필요하다

우리 남편은 에도 토박이로 번화가에서 자랐다. 당연하게도 인생의 중심에 축제가 있다. 내 친정은 도리고에 신사의 수호신을 믿는 집이라서 매년 6월에 열리는 도리고에 축제로 떠들썩해진다. 아침부터 밤까지 신을 모시는 가마를 등에 지고, 때로는 60여 명의 사람이 집을 드나드는 굉장한 사교 이벤트이기도 하다.

긴 코로나가 끝나고, 남편은 가족과 친구들과 함께 모양이 같은 유카타를 지어 입기로 했다. 며느리가 고른 대담한 무늬에 남편의 아이디어로 쪽 염색에 바람을 하여(그러데이션) 멋스러운 유카타가 완성될 것 같다. 이 유카타를 다 같이 입고 걸으면 꽤나 박력 있어 보일 것이다. 반사회 세력으로 보일까 봐 약간 불안하기는 하다.

그래도 이렇게 '매번 있는' 이벤트에 쏟는 남편의 의욕도 대단하고, 여기에 따라주는 친구들의 우정도 돈독했다.

제6장 '친구를 신경 쓰는 마음'을 내려놓는다

이런 모습을 보고 있으면, 업종이나 지역마다 있는 사교동호회나 골프동호회, 긴자클럽, 상공회, 마을회, 바둑모임 등의 존재의의를 알게 된다. 남자들은 목적도 없으면서 '만나고 싶은 마음'만으로 연락하지 않는다. "만나지 않을래? 카페 가자" "만나고 싶다. 마시러 갈래?"라고 말하지는 않는다.

남자들의 만남에는 이유(모이는 목적)가 필요하다. 축제, 골프대회, 봉사활동 또는 "슬슬 클럽에 얼굴도장 안 찍으면 마담한테 한 소리 들어" 등이다.

만나고 싶지 않을 때는 그 '장소'에 가지 않으면 될 일이다. 담백하다.

그래서 나는 '초등학생 때부터 학군지 밖의 사립학교에 다니는 남자아이'가 조금 안쓰럽다. 사는 동네의 '장소'에 들어가지 못했으니까 말이다. 여름방학이나 학원 끝나고 집에 가는 길에 공원에 모여드는 초등학생 남자아이들의 '장소'에 들어가지 못해 안쓰럽다.

여자아이는 괜찮다. "있잖아, 만날래?" 하는 마음만으로 연결될 수 있으니까.

거리 두는 법을 모른다

그런데 이런 마음을 가지고 행동을 함께하는 여자들에게는 남자들이 모르는 고민이 있다.

60대 친구 관계는 의외로 어렵다. 이젠 육아나 일을 변명거리로 쓸 수 없어 친구가 지나치게 의존하면 도망갈 길이 없다. 남편이 있으면 남편을 핑계 삼을 수 있지만 혼자 살면 막막해지는 상황도 생긴다.

한 여성에게 '친구와 거리 두는 법을 모르겠다'는 고민 상담을 받았다.

"근처에 동갑인 친구가 살아요. 둘 다 결혼을 안 해서 어쩌다 보니 주말마다 같이 밥을 먹어요. 같이 있으면 즐겁긴 한데요, 가끔은 혼자 느긋하게 있고 싶기도 해요. 그런데 '이번 주에는 뭐 먹을까?'라면서 매주 당연하다는 듯이 휘둘리고 나면 진이 빠져서 거리를 둬야겠다는 생각이 들어요"라고 털어놓았다.

또 한 여성은 "퇴근할 즘에 동료한테 붙잡혀요. 어떨 때는 한 시간 넘게 하소연을 듣고요. 저 말고는 이야기 들어줄 사람이 없어 보여요"라며 머리를 싸맨다.

인간관계의 거리감에 고민하는 여성 대부분은 마음이 여려서 거절을 어려워한다. 그래서 '자신의 마음'보다 더 많이 발을 들여놓는 상대를 막지 못하고 지쳐서 적당한 거리감이 유지되는 관계를 원하게 된다.

이럴 땐 어떻게 하면 좋을까?

Point
\# 60대 친구 관계는 의외로 어렵다.
\# '친구와 거리 두는 법을 모르겠다'는 고민도 한다.

내 마음을 솔직하게 말하자

나라면, 앞서 나온 친구의 물음에 "이번 주는 혼자서 느긋하게 보내고 싶어"라고 솔직하게 말하겠다. 친구는 나의 우정이나 애정을 의심하지 않고 "그래, 사람은 혼자만의 시간도 중요하지"라고 이해해 줄 거라고 믿으니까. 물론 아닌 사람도 있었는데, 그들과는 소원해져 결국 이해해 주는 친구만 남았다. 덕분에 점점 솔직하게 말하게 되는…… 선순환일지도.

그래서 내 마음을 솔직하게 말하는 것이 첫 번째 조언이다.

다만, 이 경우의 '솔직하게'의 의미는 '매주 당연하게 우리집에 오려는 태도는 곤란하다'는 마음을 전하라는 것이 아니다. 곤란해하는 이유는 '가끔은 혼자 있고 싶어서'이지 않은가? 이걸 전해야 한다.

솔직한 마음을 말하라고 하면 '싫은 감정'을 전한다고 착각하기 쉽다. 이때는 그런 마음이 들게 된 이유, '사실은 이렇게 하고 싶었다'는 마음을 전하는 것이다.

싫은 감정은 감춰야 한다. 이 싫은 감정은 친구 탓이 아니다. 원인은 적당한 거리를 두는 법을 내가 상대에게 말하지 못했기 때문이다.

두 사람의 '만나고 싶은 마음'의 크기가 항상 같을 수는 없다. 오래된 친구 사이는 '만나고 싶은 마음'이 바쁨과 피로에 지워지는 경우도 있다. 때로는 어느 한쪽의 마음이 강해지고, 다른 한쪽은 약해지는 게 당연하다. 이런 마음이 들 때, '이번 주는 만나지 않겠다'고 서로 솔직하게 말할 수 있는 친구 사이가 되면 좋을 텐데 생각한다.

Point
싫은 감정은 감춰야 한다.
두 사람의 '만나고 싶은 마음'의 크기가 항상 같을 수는 없다.

'푹 빠질 수 있는 것'을 정한다

반면 이렇게 매정한 말은 못하겠다는 여자의 마음도 이해가 간다.

친구의 '만나고 싶다'는 마음에 응해주는 것이 많은 여성이 생각하는 우정의 정의다. 그걸 알기에 육아, 남편 때로는 시어머니를 내세워 거절했던 것이다.

"만나고 싶은 마음은 굴뚝같은데, 남편이 출장에서 돌아오는 날이야"처럼 말이다.

그런데 60이 넘으면 이 명분들이 사라져 막막해진다.

그러니 거절할 이유를 만들어두자.

'푹 빠지는 무언가'를 가지길 적극 추천한다.

자신의 진영을 정한다

특히 앞서 나온 하소연처럼 '불평꾼에게 붙잡힌' 사람에게 꼭 필요하다.

하소연을 계속 듣고 있으면 뇌가 피폐해져 모든 감이 둔해진다. 60 넘은 뇌가 이런 일을 당하면, 집에 가는 길에 계단에서 미끄러져 골절상을 입을지도 모른다. 불평꾼에게 붙잡히면 목숨이 위험해진다. 반드시 도망가야 한다.

'바쁘다'는 모호한 이유에 입이 근질근질한 여자는 물러서지 않는다. '살 게 있다'고 하면 같이 따라온다. '피부 관리받으러 간다'는 핑계는 자주 써먹을 수 없다. 자녀가 성인이 된 부모 세대는 변명거리가 적어서 상당히 위험하다. 혼자 살면 더 이른 시기부터 위험해진다.

우선 '나'의 진영을 정해야 한다. 타인이 쉽게 들어올 수 없는 경계선을 확실하게 세운다. 요령은 푹 빠질 수 있는 무언가에 있다. 댄스, 영어 회화, 카페에서 추리 소설 읽기, 한국 드라마 보기, 게임, 가로세로 낱말 퍼즐, 자격증 시험에 도전하기 등 뭐든 상관없다.

"내 이야기 좀 들어 봐봐"라고 불러 세워도 "온라인 영어 회화 수업이 있어서 빨리 집에 가야 해. 미안"하고 자리를 떠보면 어떨까?

"이번 주말은 그거 해야지"라고 일방적으로 정해도 "댄스 레슨 모임이 있어서 안 되겠어"라고 말해볼 수 있지 않을까?

거짓으로 둘러댄 핑계에는 박력이 없다.

여자끼리면 거짓말이 들통나기 때문에 방어막이 되어주지 못한다. 진심으로 열심히 할 수 있는 것을 만드는 게 좋다. 그리고 가능하면 여러 개가 좋다. 즐기는 계열 하나, 공부 계열 하나, 사회 공헌 계열 하나.

'푹 빠질 수 있는 것'으로 자신의 진영을 굳힌 다음, 정말로 가까이하고 싶은 사람만 슬그머니 경계선 안으로 들이자.

친구를 신경 쓰는 마음을 내려놓는다

어른이 되면 친구는 선택해도 된다.

하소연을 들어주지 않으면 그 사람이 불쌍하다고? 그건 그렇지만, 그래도 불평불만 있는 사람들끼리 대화하고 해소하는 게 가장 좋다. 그들은 자신의 이야기를 들어줄 사람을 반드시 찾아낸다. 괴로워하는 당신이 제 한 몸 불사를 필요는 없다.

불평불만을 늘어놓는 습관은 멈춰야 한다. 이런 사람은 뇌의 부정적인 회로가 활성화돼 부정적인 현상을 일으킬 확률이 높다. 실패 3조항을 떠올려 보라. 실패에 연연해하면 오히려 실패하기 쉬운 뇌로 바뀐다. 같은 이치다. 불평불만을 늘어놓으면 변변찮은 인생에서 빠져나오지 못한다.

가까운 친구가 이렇다면 진지하게 말해주자.

"뇌의 부정적인 회로가 활성화된대. 즐거운 일을 생각해 보면 어때?"라고.

　그래도 바뀌지 않으면 이 사람에 대해서는 그만 신경 쓰자. 죄책감이 들면 나를 탓해라. 다른 사람의 뇌가 침몰하는데 당신까지 휘말리지 않았으면 해서다.

　부디 행복한 60대를 보내길 바란다.

나오며

이 책을 읽은 젊은 세대가 "60대는 좋겠다. 나도 빨리 되고 싶다"라고 말해주면 좋을 텐데, 라고 생각하면서 이 책을 썼다.

60 넘은 사람들이 이 책을 읽었다면 분명 마음이 편해졌을 것이다.

20세기의 뇌과학 연구실에서 어느 날 나는 확신했다.

우리는 이 '지구라는 놀이 기구'를 즐기기 위해 왔다. 심지어 '몇 년 동안' 있을지 기간까지 정해 놓고…. 그리고 뇌는 이걸 알고 있다.

그날부터 나는 뇌에게 전부 맡기기로 했다.

뇌가 정한 그날까지 나는 이 지구를 만끽하겠다. 모든 괴로운 일은 나중의 기쁨을 위한 연출이라고 받아들이면서. 그도 그럴게, 감정의 기복이 없는 드라마를 누가 보겠는가?

걱정할 일은 하나도 없다. 뇌는 틀림없이 그날을 향해 잘 늙다가 살포시 기능을 정지해 줄 테니까. 늙음도, 죽음도 어느 하나

부정적이지 않다.

무엇보다 중요한 건 '인생은 나를 위해 존재한다'는 것이다.

내가 이 메뉴를 선택했다. 나는 다른 누군가를 위해 준비된 생물이 아니다. 나를 위해 준비된 인생을 나를 위해 쓰자.

인류에게는 인생의 세상에 대한 체면을 차리지 않으면 살아남을 수 없는 시기가 분명 있다. 주변에서 인정받지 못하면 사냥(사업)에 참여하지 못하고, 육아도 완수하지 못한다. 동물계에서 가장 큰 위험 부담을 짊어진 육아인 걸 어쩌랴(태어나서 1년이나 걷지 못하는 건 인류뿐이다!).

그런데 양육이 끝나고 하던 일도 일단락된 60대가 세상의 눈을 신경 써야 할까?

세상이 정한 기준으로 자신을 평가할 필요가 있을까?

'머리가 좋다'는 정의를 '새로운 것을 빨리 외운다'로 정하면 28세 이후부터는 실망만 하며, 살 수밖에 없다.

'아름다움'의 기준을 '젊음이 주는 그것들'로 정하면 50세 이후부터는 낙심하며, 살 수밖에 없다.

'인생'의 목적을 '좋은 직장, 괜찮은 결혼, 아이를 훌륭하게 키운다'에 두면 양육이 끝난 다음에는 목표를 잃고 살아갈 수밖에 없다.

더구나 이러한 올바름은 '양육 기간에 한정된' 올바름이지 모두의 올바름이 아니다.

'젊음에 대한 동경과 늙어가는 자신을 향한 외로움과 불안'으로 살아가기에 인생은 길다. '세상의 올바름'을 답습하며 살아가기에는 너무 잔혹하다.

내게는 그런 생각밖에 들지 않는다.

'뇌는 이 인생을 스스로 선택해 시작했다'

나의 이 확신은 증명할 수 있는 부류의 것이 아니다. 하지만 틀림없다. 이렇게 생각하면 수많은 일이 납득되고, 무엇보다 늙음도 죽음도 단숨에 부정적이지 않게 된다.

60 이후, 뭣하면 40년은 더 살게 될 인생에서 이 40년을 부정적으로 살아간다니 절대 그럴 리 없다고 생각한다. 뇌의 구조가 그렇게 비합리적일 리 없다.

그래서 이 책에는 '뇌가 이끄는 대로 나의 인생을 살겠다'고 결심한 내가 생각해왔던 '60 이상의 인생 사용설명서'를 담아보았다.

내 경험을 비추어보면 이 생활 방식은 몹시 즐겁긴 하나, '세상의 올바름'을 답습해서 살고 있는 친구나 지인들에게 간혹 한 소리 듣는 경우가 있다. 그럴 때는 "구로카와 이호코가 이렇게 살면 좋다고 했어. 뭐, 그 사람도 실제로는 어떨진 모르지만"이라며 나에게 화살을 돌리고 스리슬쩍 빠져나오자. 모처럼 자유로워졌는데 다시 족쇄를 차지 않았으면 한다. 바라건대 그 사람도 이 책을 읽었으면 좋겠다. 60 이후의 인생을 구가하는 사람이 한 명이라도 더 늘어난다면 진심으로 기쁘다.

이 책은 한 여성을 위해 기획됐다. 편집자 아카치 노리히토 씨가 '어머니의 환갑을 기념해 선물할 수 있는 책'을 열렬히 희망했다. 첫 손주에게 정신과 손발이 묶여 집필 의욕이 생기지 않는 내게 몇 번이나 발걸음해 주었다. 덕분에 나 스스로에게도 응원을 주는 책 한 권을 끝까지 써 내려갈 수 있었다. 내게 펜을 쥐여준 아카치 씨에게 진심으로 고맙고, 그의 어머니 요코 씨의 환갑을 진심으로 축하한다.

20대 때의 상상만큼 60대는 형편없지 않다.

더 연세 있는 분들께 "젊네" "좋을 때야" 하는 말을 듣는 데다 (위에는 또 위가 있다, 어느 사교동호회에서 주요 멤버가 모여 있는 테이블에 인사하러 갔는데 "어제 여든이 됐네" "자네, 70대였다니! 젊네 젊어" "축하해. 이제야 먹을 만큼 먹었네"라는 대화가 오갔다. 너무 놀라 어안이 벙벙해졌더니 "자네는 아가씨라고 불러도 될 나이야"라는 말을 들었다), 취미 활동에서 만난 아래 세대는 제대로 동료 취급해 주고 있다(아직 '연장자를 대우한다'는 느낌은 아니다).

세상에 대한 체면에서 자유로워져도 되는 최초의 10년, 이렇게 충실한 나이는 또 없다.

부디 행복하게.

저자 구로카와 이호코

저자 소개

구로카와 이호코 Ihoko Kurokawa

뇌과학 인공지능(AI) 연구자. 1959년 나가노현에서 태어났다. 나라여자대학 이학부 물리학과를 졸업 후 컴퓨터 제조사에서 AI 개발에 종사하였다. 2003년부터 주식회사 <감성리서치> 대표를 맡고 있다. 언어의 감각을 수치화하는 데 성공하여 오츠카제약 의 'SoyJoy' 등 수많은 상품명의 감성 분석을 진행하였다. 또한 남자와 여자의 뇌에서 '순간적인 사용법'의 다른 점을 발견하고 이 연구 성과를 바탕으로 베스트셀러《아내 사용설명서》《남편 사용설명서》《딸 사용설명서》《엄마 사용설명서》등을 집필했다. 이밖에 국내에 출간된 도서는《눈치가 없어 고민입니다》《감성두뇌, 행복한 미래를 결 정한다》《성공하는 사람의 뇌 과학》《아이의 두뇌습관을 바꿔라》《행복한 천재를 만 드는 행복한 두뇌》가 있다.

역자 소개

명다인

중앙대학교에서 무역학과 일본어문학을 전공했다. 무역회사에서 수출입과 통번역 업무를 담당하며, 책 번역의 꿈을 키웠다. 현재 번역 에이전시 엔터스코리아 일본어 전 문 번역가로 활동하고 있다.

역서로는《자본주의 사회에서 남성으로 산다는 것》《인상의 심리학》《말 잘하는 초 등교사의 특급 비밀》《일 잘하는 사람이 반드시 쓰는 글 습관》《어린 시절의 부모를 이 해하는가》《내가 바퀴벌레를 오해했습니다》가 있다.

북디자인 공간42
일러스트 오경태

60세
사용설명서

1판 1쇄 발행 2024년 5월 27일

지은이 구로카와 이호코
옮긴이 명다인
발행인 최봉규

발행처 지상사(청홍)
등록번호 제2017-000075호
등록일자 2002. 8. 23.
주소 서울특별시 용산구 효창원로64길 6 일진빌딩 2층
우편번호 04317
전화번호 02)3453-6111, 팩시밀리 02)3452-1440
홈페이지 www.jisangsa.com
이메일 c0583@naver.com

한국어판 출판권 ⓒ 지상사(청홍), 2024
ISBN 978-89-6502-330-2   03180